인터랙티브 마블 런 시스템

그래비트랙스
GRAVITRAX

EXPERIENCE THE POWER OF GRAVITY

Ravensburger

KOREA
BOARD
GAMES

여러분이 원하던 THE BOOK

<그래비트랙스 더 북>은 트랙을 더 잘 만들고자 하는 여러분들을 위한 책이랍니다. 여태껏 본 적 없는 방식으로 트랙을 만드는 수많은 아이디어가 여러분을 기다리고 있습니다. 새로운 차원의 트랙을 만들어 보면서 실력을 더 향상시키세요!

각 낱장에 표시된 색깔과 아이콘을 보면 어떤 챕터에 속한 내용인지 알 수 있습니다.

 노란색 챕터인 **특별한 기능**에서는 액션 스톤을 멋지게 활용할 수 있는 놀라운 비결이 소개되어 있습니다.

 주황색 챕터인 **레이싱**에서는 시간과의 싸움을 합니다. 오래 굴러가는 액션 스톤으로 시간 기록을 세우거나, 빠르게 굴러가는 액션 스톤으로 속도 경쟁을 해보세요.

 보라색 챕터인 **챌린지**에서는 까다롭지만 도전 정신을 불러일으키는 트랙을 만나볼 수 있습니다.

이 책에 소개되는 예시 트랙마다 첫 쪽에는 트랙을 만드는 데 필요한 부품을 표시해 두었습니다. 대부분의 트랙은 코어 스타터 1개만으로 충분하지만, 일부 트랙에는 추가로 다른 상품이 필요합니다.

안내에 따라 트랙을 완성하고 나면, 여러분만의 방식으로 트랙을 새롭게 설계할 수 있습니다. 트랙을 설계할 때 완전히 새로운 발상이 떠오르지는 않았나요? 여러분이 상상할 수 있는 가장 재치 있는 트랙을 만들어 보세요! 떠오른 아이디어를 구체화시키고 자기만의 개성을 살려서, 멋진 트랙을 만들고 그 위를 질주하는 액션 스톤을 감상하세요.

책 내용 곳곳에는 물리학적 해설이 적혀 있습니다. 이를 통해 그래비트랙스로 만든 트랙이 어떻게 작동하고, 액션 스톤과 부품들이 어떻게 상호 작용하는지 익힐 수 있습니다. 중력이란 무엇일까요? 그래비트랙스와 자성은 어떤 연관이 있을까요? 루핑을 통과하는 액션 스톤은 왜 오르내리는 걸까요? 이에 대한 해답을 찾다 보면 트랙을 더욱 전문적으로 설계하는 데 도움이 되는 과학적 원리와 배경 지식을 쌓을 수 있습니다. 이와 관련된 핵심적인 개념을 간략히 설명하는 용어 해설이 책의 뒷부분에 실려 있습니다.

트랙을 만들 때, 항상 평평한 바닥 위에서 시작하세요. 바닥이 기울어 있는 경우가 여러분이 생각하는 것 이상으로 많답니다! 출발점에서 액션 스톤들이 가능한 한 동시에 출발하여 충분한 빠르기로 나아갈 수 있도록 하세요. 예상과 다르게 트랙이 작동하지 않는다면, 각 타일과 부품을 단단히 고정시키고 플레이트 전체의 방향을 돌린 다음, 트랙을 다시 작동해보세요. 책에 소개된 트랙들은 대체로 완벽한 상황을 가정하고 설계되어 있어서 최적의 조건이 갖추어진 채로 시작해야 합니다. 그러지 않더라도 진정한 그래비트랙스 전문가라면, 이 정도는 거뜬히 처리할 수 있어야겠지요!

이제 두근거리는 마음을 부여잡고 시작해 볼까요? 그래비트랙스 부품을 꺼내고 마음껏 트랙을 만들어 보세요! 직접 찍은 사진이나 영상을 #그래비트랙스 해시태그와 함께 온라인에 공유하고 주변에 자랑해 보세요.

 참고: 이 책에 소개되는 대부분의 예시 트랙 마지막 쪽에는 앱 코드가 적혀 있습니다. 앱 코드를 GraviTrax 앱에 입력하면 해당 트랙이 작동하는 모습을 가상 현실에서 확인할 수 있습니다.

 GraviTrax 앱에서 왼쪽과 같은 파란색 아이콘을 터치하면 앱 코드를 입력할 수 있습니다.

특별한 기능

10쪽

레이싱

72쪽

챌린지

98쪽

특별한 기능

이 챕터에서는 특별한 요소를 담고 있는 트랙을 만나볼 수 있습니다. 일부 예시 트랙에서, 부품 몇 가지는 일반적으로 사용하던 방식과 다르게 쓰이기도 할 겁니다. 이 과정에서 그 부품의 새로운 모습도 확인해 보는 건 어떨까요?

또 어떤 예시 트랙에서는 색이 있는 액션 스톤이 트랙에 표시되어 있습니다. 이러한 액션 스톤이 트랙에서 어떻게 움직이는지 유심히 지켜보세요. 더 흥미로운 방식으로 굴러갈 거랍니다.

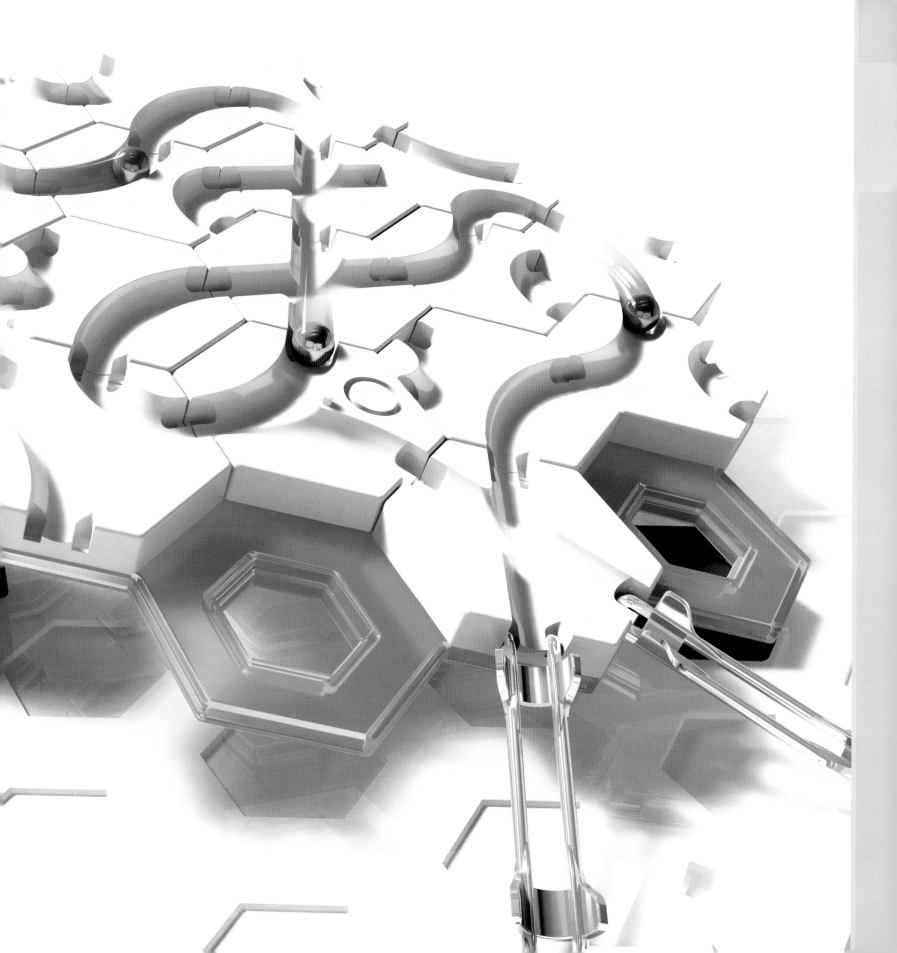

트랙 1 점프!

액션 스톤은 대개 트랙이나 흰색 타일 위를 굴러갑니다. 하지만 이번에는 교차로 타일에서 날아 올라 캐처를 향해 떨어질 겁니다. 더욱 예측하기 어려운 트랙을 만나 보세요.

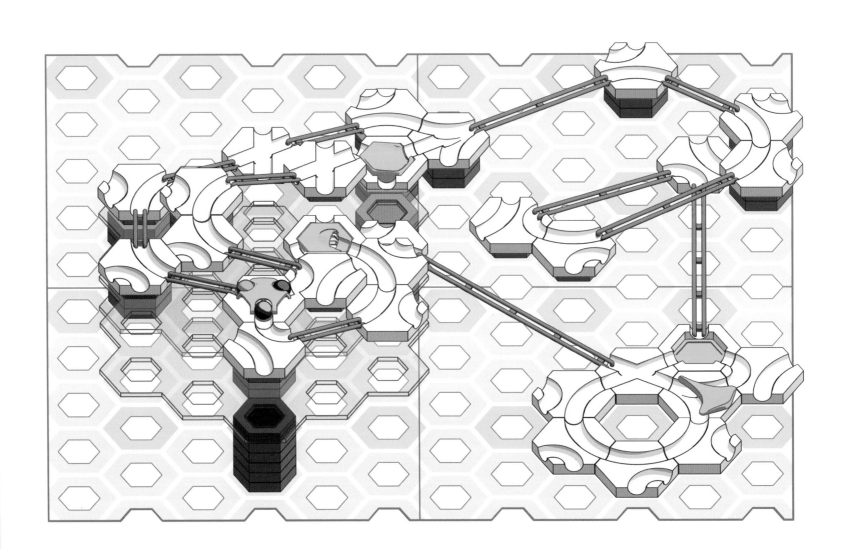

준비물:
코어 스타터

특징:
캐처 위로 낙하

부품 수:
101

1

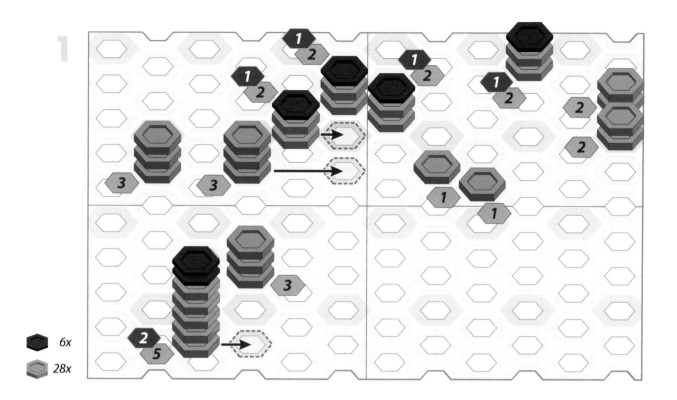

6x
28x

2

1x
12x
2x
1x
1x
1x
1x
1x
3x
1x

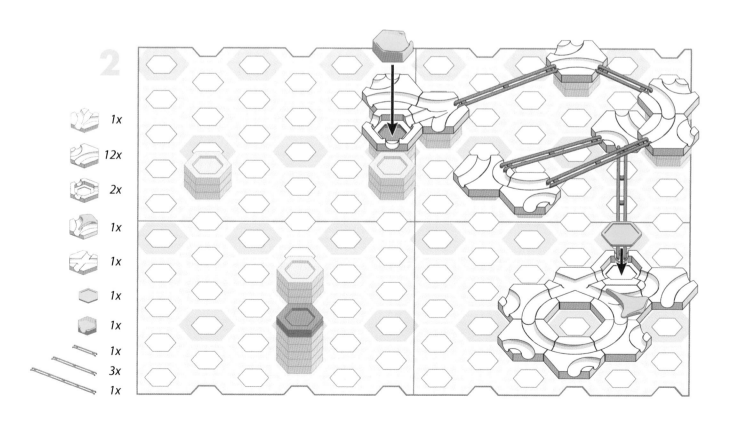

3

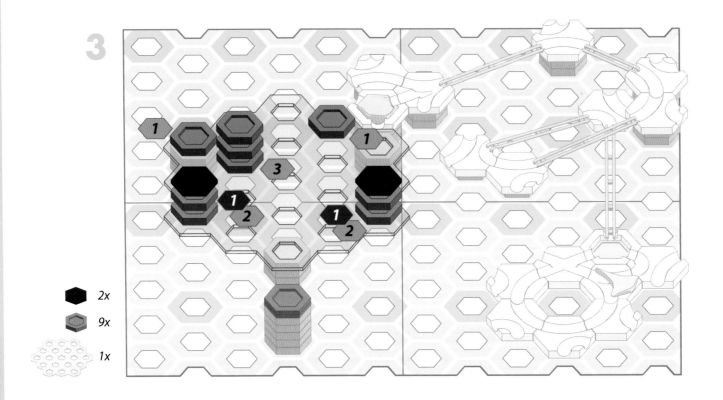

2x

9x

1x

4

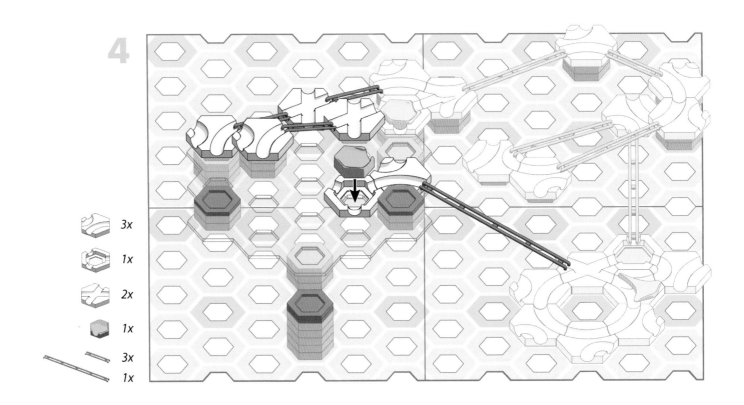

3x

1x

2x

1x

3x

1x

14

5

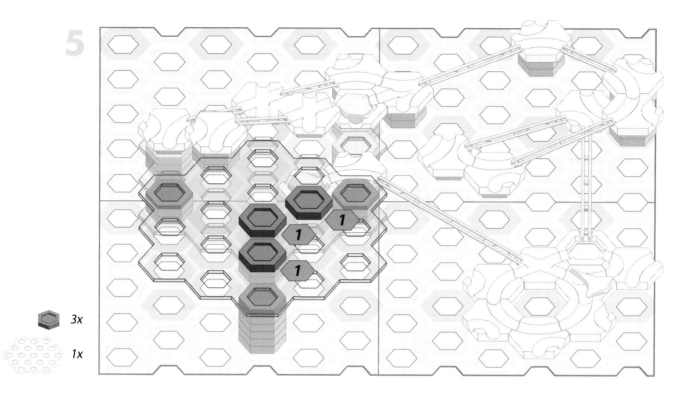

3x

1x

6

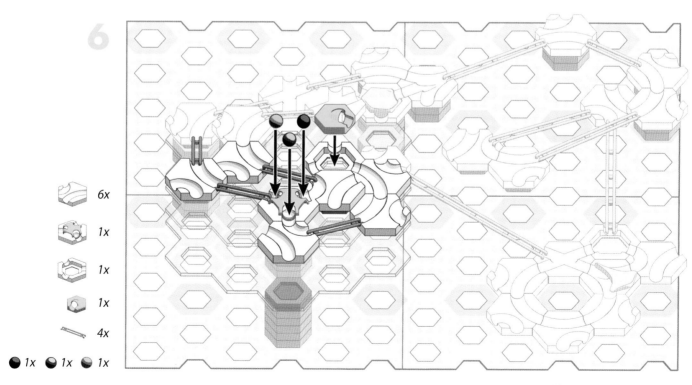

6x

1x

1x

1x

4x

● 1x ● 1x ● 1x

앱 코드: *BOOKTRACK1*

트랙 2 요리조리 기울이기

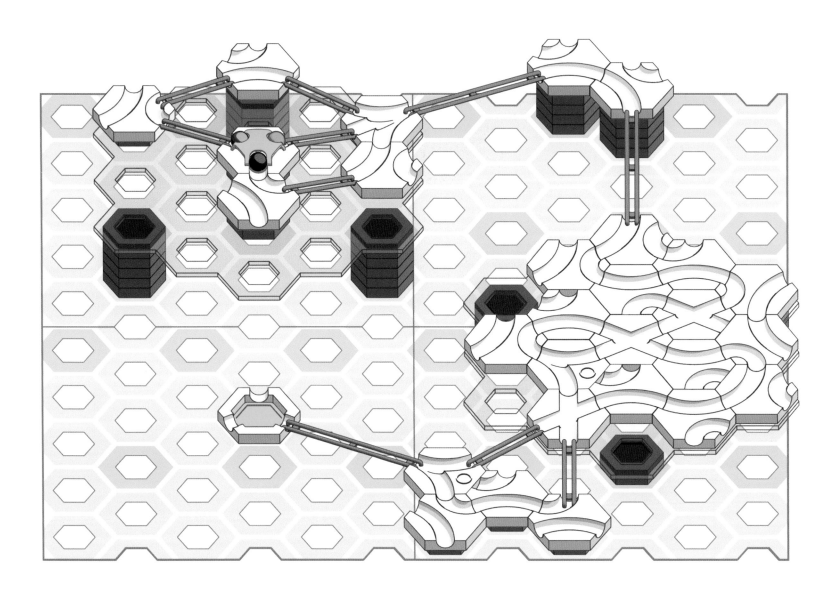

준비물:
코어 스타터

특징:
기울어진 플레이트

부품 수:
91

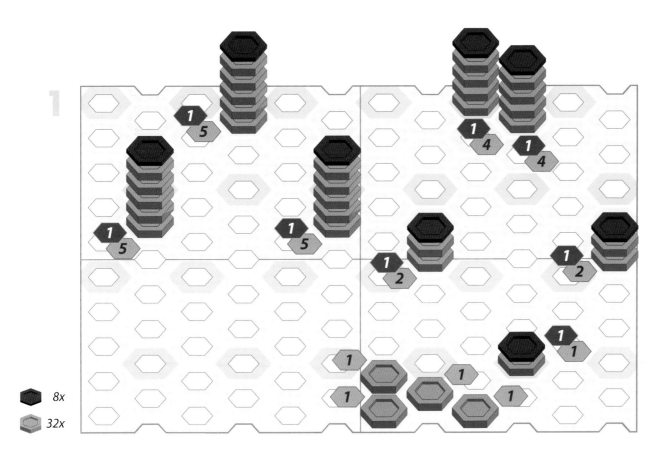

1

8x
32x

2

1x
5x
1x
1x
1x

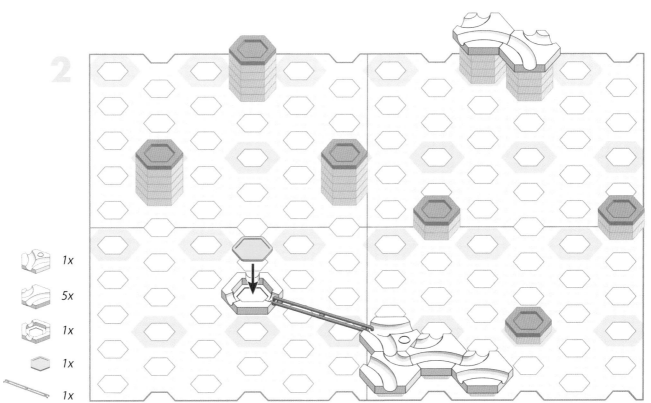

3

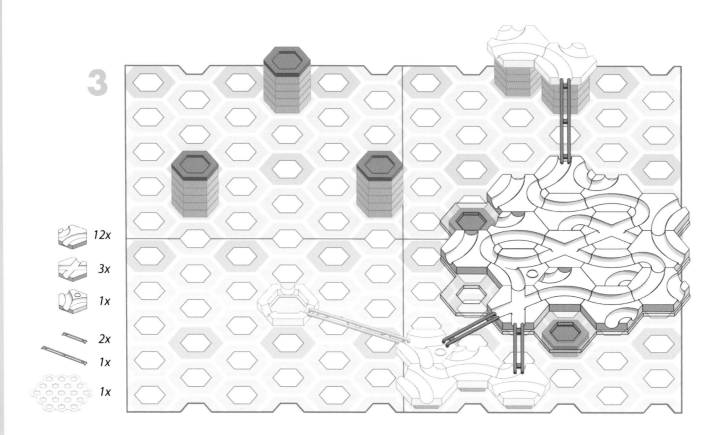

12x
3x
1x

2x
1x

1x

4

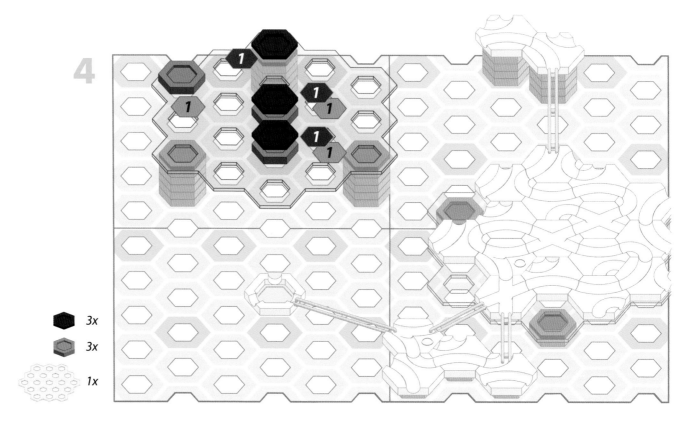

3x
3x

1x

18

5

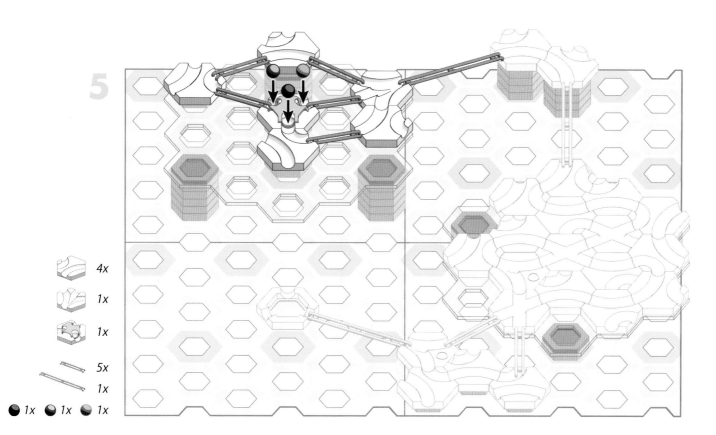

4x

1x

1x

5x

1x

1x 1x 1x

이번 트랙에서는 투명 플레이트가 살짝 기울어 있어서, 그 위를 지나는 액션 스톤들이 내리막길을 향해 굴러갑니다.

어떤 높이로 기둥 타일을 쌓느냐에 따라 투명 플레이트의 경사가 가팔라지기도 완만해지기도 합니다. 이에 따라 액션 스톤이 빠르게도 느리게도 굴러갈 겁니다.

하지만 알아두세요! 기울어진 플레이트 위에선 모든 액션 스톤들이 예상대로 굴러가는 것은 아니랍니다.

숨은 원리 찾기 마그네틱 캐넌 이야기

액션 스톤이 마그네틱 캐넌의 비어 있는 한쪽 부분에 도착할 때, 그 반대편에 배치한 액션 스톤 중 가장 바깥에 있는 것 하나가 쏜살같이 튀어 나갑니다. 때로는 제법 높은 높이에 있는 타일까지도 올라가기도 하고요!

이렇게 작동시키기 위해선, 먼저 마그네틱 캐넌을 "장전"해야만 합니다. 이때 장전이란, 출구 쪽에 액션 스톤을 2개 이상 배치하는 것을 말합니다. 마그네틱 캐넌에서 액션 스톤이 총알처럼 발사되기는 하지만, 큰 소리가 나거나 위험하거나 하지는 않습니다.

그런데 마그네틱 캐넌의 작동 원리는 무엇이고, 어떻게 가만히 있던 출구 쪽 액션 스톤이 발사되는 것일까요?

마그네틱 캐넌에는 반원 모양의 흰색 발사대가 있는데, 그 중앙에 고정된 자석 판이 바로 그 비밀입니다. *자석* 이란 수없이 많은 *자성체*들로 이루어져 있고 철을 함유한 물체입니다. 이 자성체들은 나란하게 배열되어 있습니다. 즉, 모두 같은 방향을 가리키고 있지요.

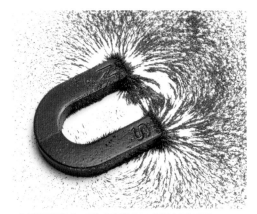

N극(빨간색)과 S극(파란색)으로 이루어진 자석

모든 *자성체*에는 *N극*과 *S극*이 있습니다. 자석을 이루는 자성체들의 N극은 모두 특정 방향을 가리키고 있으며 S극은 모두 그 반대 방향을 가리키고 있습니다. 이들이 모인 큰 자석도 그래서 N극과 S극을 지니는 것이고요. 자석의 두 자기극은 모두 무쇠나 강철 물체를 끌어당깁니다. 또한 S극은 다른 자석에 있는 N극을 끌어당기며 거꾸로도 마찬가지입니다. 이것을 *자기력*이라고 부릅니다.

그래비트랙스의 액션 스톤에는 철 성분이 있습니다. 그래서 마그네틱 캐넌이 작동할 수 있는 것이지요. 대부분의 경우, 액션 스톤이 마그네틱 캐넌을 향할 때 트랙을 따라 굴러 내려옵니다. 바로 *중력*이 그 원인입니다. 중력은 지구상의 모든 물체를 아래로, 즉 지구 중심을 향해 끌어당깁니다. 중력은 또한 만유인력이라고 부르기도 합니다. 지구가 모든 것을 끌어당기기 때문입니다.

마그네틱 캐넌을 향하는 액션 스톤에는 두 가지 *힘*이 작용합니다. 첫 번째는 중력으로, 액션 스톤을 지구 중심을 향해 아래로 끌어당기는 역할을 합니다. 두 번째 힘은 마그네틱 캐넌에 들어 있는 자석 판을 향해 액션 스톤을 당기는 자기력입니다. 이 자석 덕분에 액션 스톤이 더욱 가속할 수 있는 셈입니다. 다시 말해, 내리막길 트랙에서 액션 스톤이 마그네틱 캐넌을 향해 움직이기는 하지만, 자석이 있어서 더욱 빠르게 굴러갈 수 있는 겁니다.

원리 한눈에 보기
① 액션 스톤이 자석에 이끌려 자석 판에 부딪힙니다. 부딪히는 힘의 대부분은 반대편 끝까지 전달됩니다. 자석의 힘이 강할수록 전달되는 힘도 커집니다.
② 자석 판이 액션 스톤을 당기는 힘은 거리가 멀수록 약해집니다.
③ 자석 판 앞뒤로 붙어 있던 액션 스톤의 개수 차이에 따라 추진력이 가해져, 부딪힌 액션 스톤의 반대편 끝에 붙어 있는 액션 스톤이 튀어 나갑니다.

(충돌) 액션 스톤이 자석 판에 부딪힘
(추진력) 자석 판의 앞뒤로 붙어 있는 액션 스톤의 차이
(발사) 액션 스톤이 튀어 나감

그 밖의 이야기:
냉장고에 붙어 있는 자석을 보면 자기력이 무한정 뻗어나가지 않는다는 것을 알 수 있을 거예요. 자석과 냉장고 사이에 종이를 너무 많이 끼우다 보면, 결국 바닥으로 떨어지게 되잖아요? 종이가 많아질수록 자석과 냉장고 사이의 거리가 멀어져서, 그만큼 자기력이 약해지는 거지요.

냉장고에 붙은 자석은 매우 유용합니다.

이제 마그네틱 캐넌의 기능에 관해 절반쯤 설명이 되었군요. 그렇다면 왜 마그네틱 캐넌의 반대편에 있는 액션 스톤이 튀어나가는 걸까요? 이 부분은 *운동량 보존의 법칙*과 관련이 있습니다. 충돌하는 물체 사이에는 충돌량만큼의 *운동량*이 전달됩니다. 물체가 서로 충돌할 때 이상적인 환경에서 전체 운동량의 총합은 일정하게 보존된다는 것이 이 법칙의 내용입니다. 즉, 이는 운동량이 사라지는 것 없이 항상 같은 양만큼 유지된다는 의미입니다.

그래비트랙스의 경우, 트랙이 이상적인 환경과 유사하게 작용합니다. 액션 스톤이 특정한 운동량으로 움직이면서 마그네틱 캐넌으로 굴러들어와 충돌합니다. 마그네틱 캐넌에 들어 있는 자석이 이 충돌량을 발사대 반대편에 있는 액션 스톤들에 전달합니다. 각 액션 스톤은 질량(흔히 말하는 무게)이 모두 같은 물체이기 때문에 충돌 후 속력 또한 전달됩니다. 마그네틱 캐넌으로 도착한 액션 스톤의 충돌 전 속력과 동일한 빠르기로, 반대편에 배치한 액션 스톤 중 가장 바깥에 있는 것이 출발합니다. 그 액션 스톤은 마그네틱 캐넌 속 자석의 영향으로 매우 빠르게 출발하므로, 더 높은 곳으로도 이동할 수 있습니다.

앞서의 내용을 적용해 보면, 마그네틱 캐넌으로 향하는 트랙의 경사를 가파르게 하여, 도착하는 액션 스톤의 속력을 빠르게 할수록 반대편 액션 스톤이 빠르게 발사될 겁니다!

왜 액션 스톤 1개만으로는 마그네틱 캐넌을 "장전"하기에 충분하지 않은 걸까요?

반대편에 액션 스톤이 1개만 장전되어 있다면, 다른 액션 스톤이 입구로 들어오더라도 장전된 액션 스톤은 출발하지 않을 것입니다. 이것은 입구로 들어오는 액션 스톤의 운동량이 마그네틱 캐넌의 자기력을 이겨내기에 충분히 크지 않기 때문입니다. 이 자기력은 반대편 출구쪽에 있는 액션 스톤에도 작용하면서 그것을 끌어당기니까요.

반대편에 두 번째 액션 스톤이 장전되면, 바깥쪽에 위치한 바로 그 액션 스톤에는 자기력이 다소 약하게 작용합니다. 더 이상 그 액션 스톤을 "붙잡아" 두기에는 힘이 강하게 미치지 않는 것이지요. 충돌 전후로 보존되는 운동량과는 달리, 자기력은 장전된 액션 스톤 여러 개를 거치는 동안 줄어듭니다. 더 많은 액션 스톤을 장전할수록 바깥쪽에 미치는 자기력은 더 약해집니다.

2022 개정 교육과정 연계

(1) 힘과 우리 생활

[4과01-01] 일상생활에서 힘과 관련된 현상에 흥미를 갖고 물체를 밀거나 당길 때 나타나는 현상을 관찰할 수 있다.

(9) 자석의 이용: [4과09-03] 자석을 이용하여 일상생활을 편리하게 하는 장치를 설계할 수 있다.

2015 개정 교육과정 연계

(2) 자석의 이용

[4과02-03] 일상생활에서 자석이 사용되는 예를 조사하고, 자석의 성질과 관련지어 그 기능을 설명할 수 있다.

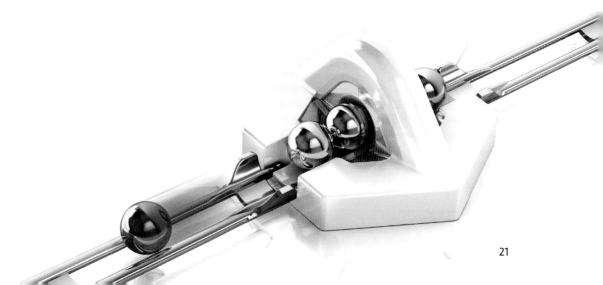

트랙 3 마그네틱 캐넌 장전!

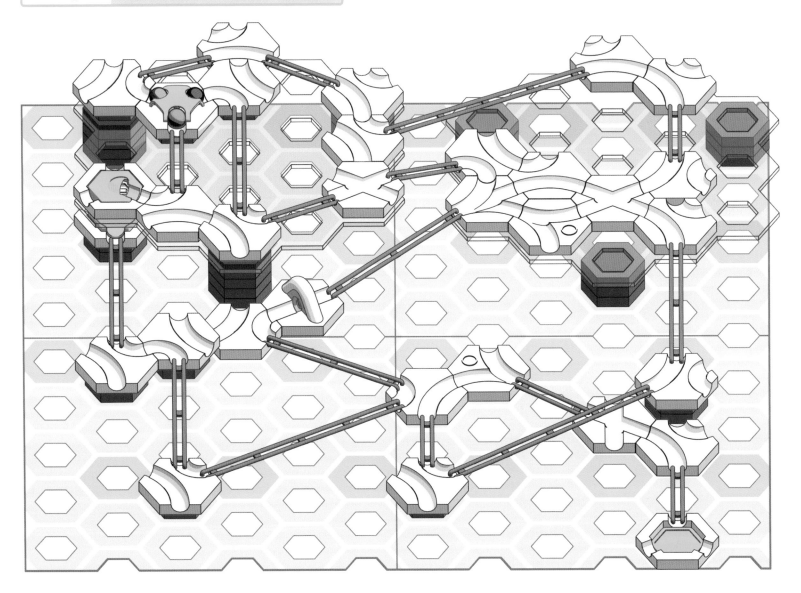

준비물:
코어 스타터

특징:
텅 빈 마그네틱 캐넌

부품 수:
98

1

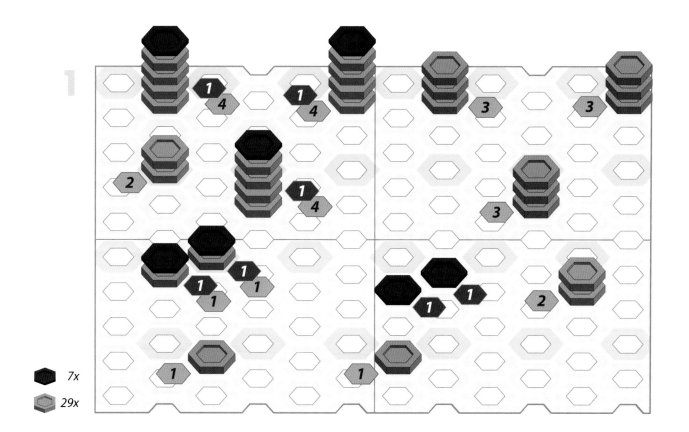

7x
29x

2

8x
1x
1x
1x
2x
1x
1x
3x
3x
2x

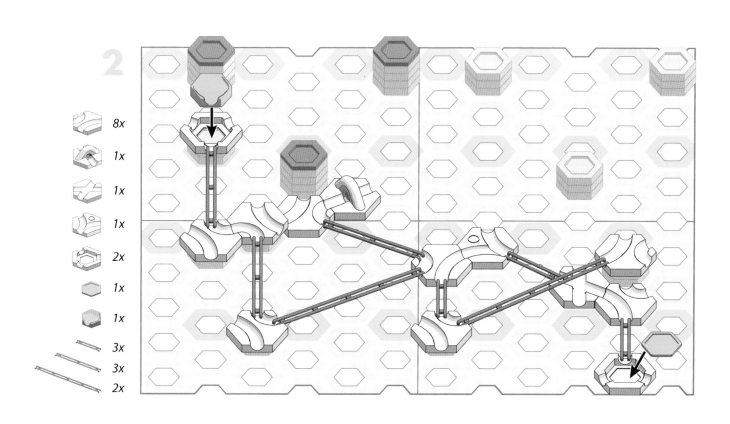

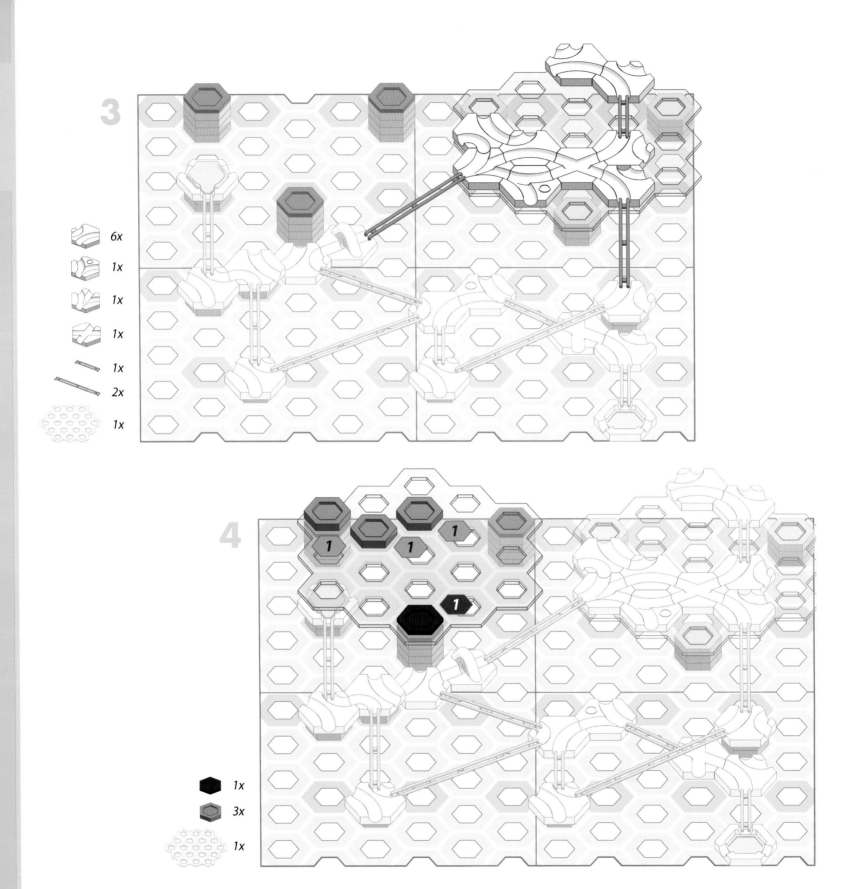

3

6x
1x
1x
1x
1x
2x
1x

4

1x
3x
1x

5

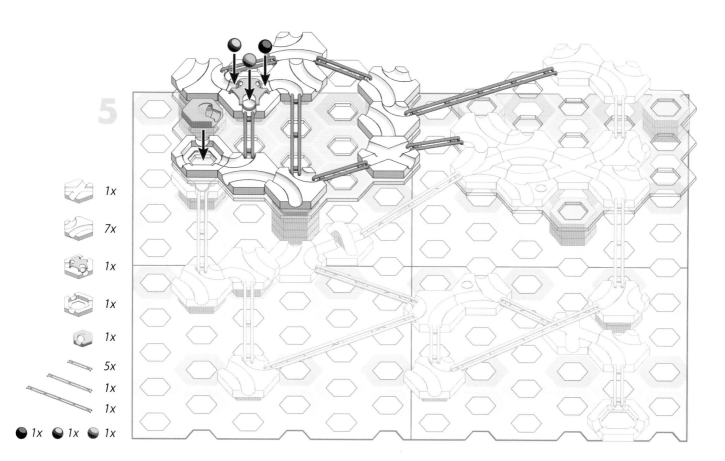

1x
7x
1x
1x
1x
5x
1x
1x

● 1x ● 1x ● 1x

마그네틱 캐넌은 대개 트랙을
작동하기 전에 장전해두기
마련입니다. 하지만 이
트랙에서는 액션 스톤이 굴러가는
과정을 거쳐 장전된답니다.
액션 스톤을 출발시키기 전에,
한 번 추측해 보세요. 장전하는
역할을 하는 액션 스톤 2개는
어떤 것이며, 마그네틱 캐넌을
발사시키는 액션 스톤은 어떤
것일까요?

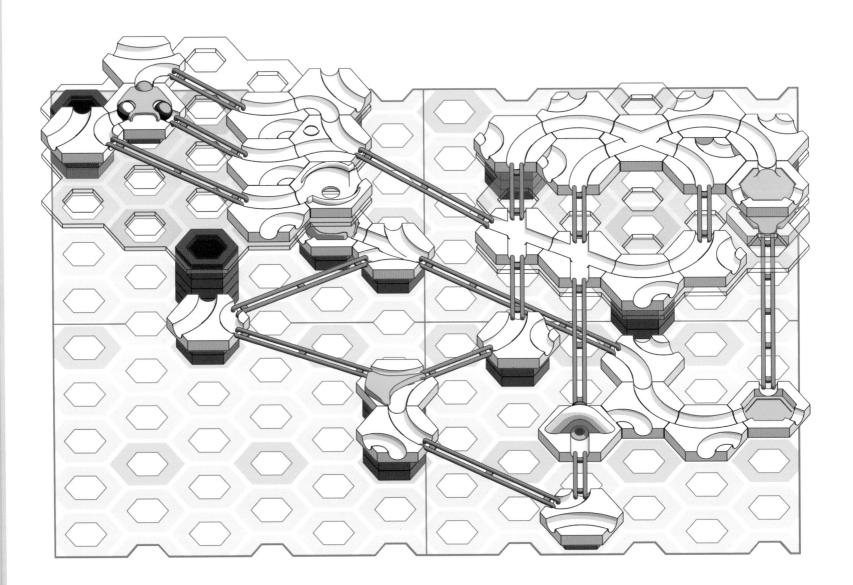

준비물:
코어 스타터

특징:
세 개의 구슬과 세 갈래 길

부품 수:
108

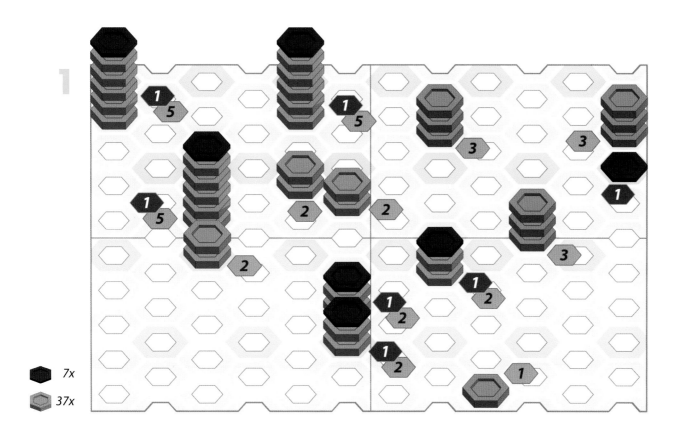

1

7x
37x

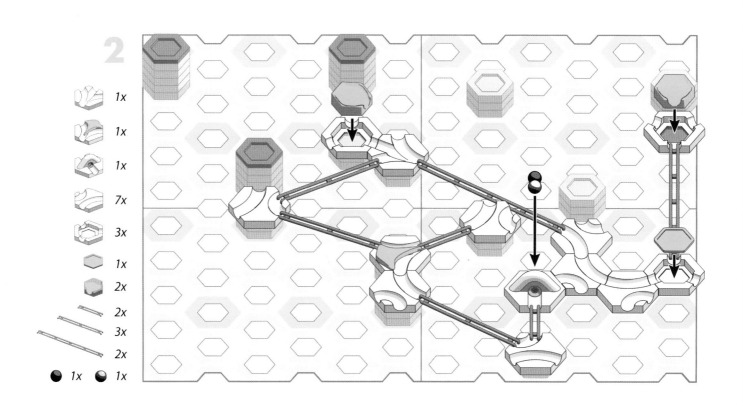

2

1x
1x
1x
7x
3x
1x
2x
2x
3x
2x

● 1x ● 1x

3

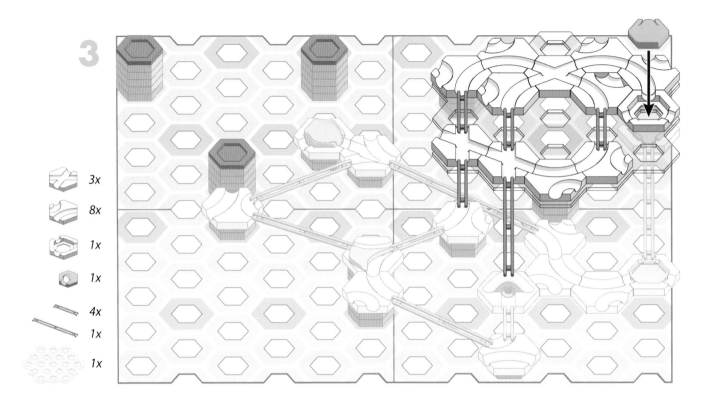

3x
8x
1x
1x
4x
1x
1x

4

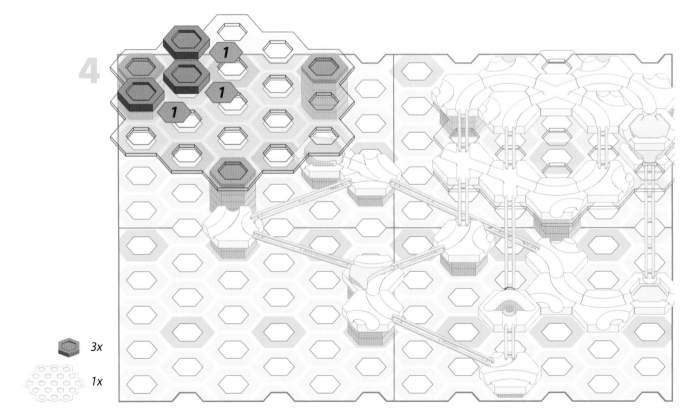

3x
1x

28

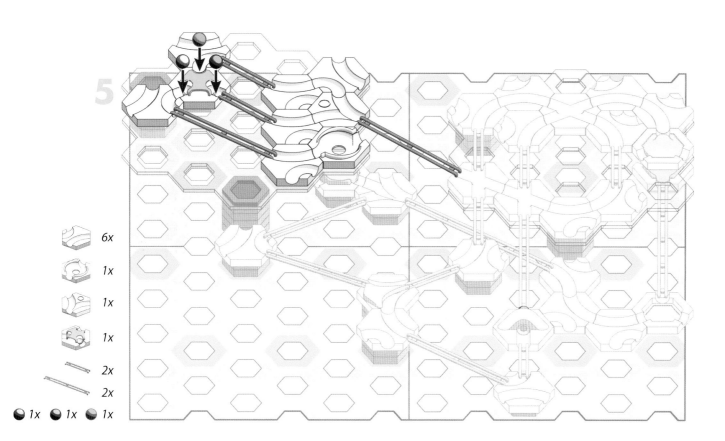

5

6x
1x
1x
1x
2x
2x

1x   1x   1x

세상에!
이번 트랙에는 교차로가 정말 많네요.
액션 스톤들이 어떤 순서대로 도착할지
예측해보세요!

앱 코드: *BOOKTRACK4*

트랙 5 S-Bahn

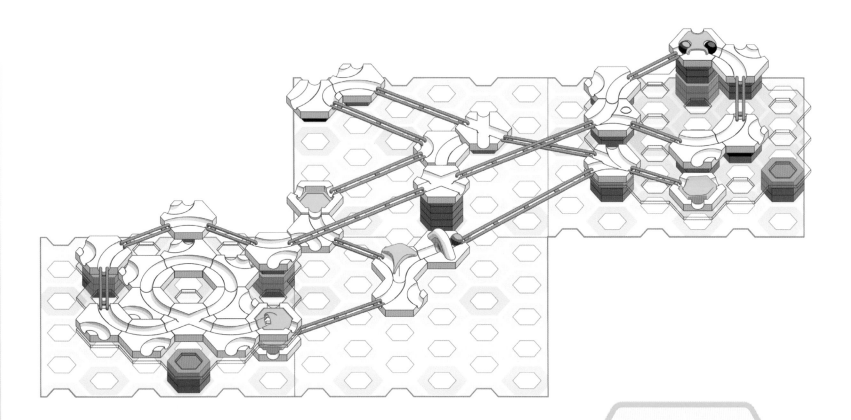

독일의 도시 고속 철도를 S-Bahn
이라고 한답니다. 그래서 이번 트랙도
S자 모양으로 배치되어 있어요. 기본
플레이트를 배치할 때, 초록색으로
표시된 플레이트 부분이 다른 트랙과는
다르게 아래쪽으로 향하고 있다는 점에
주의하세요.

준비물:
코어 스타터

특징:
S자 모양으로 배치된 기본 플레이트

부품 수:
106

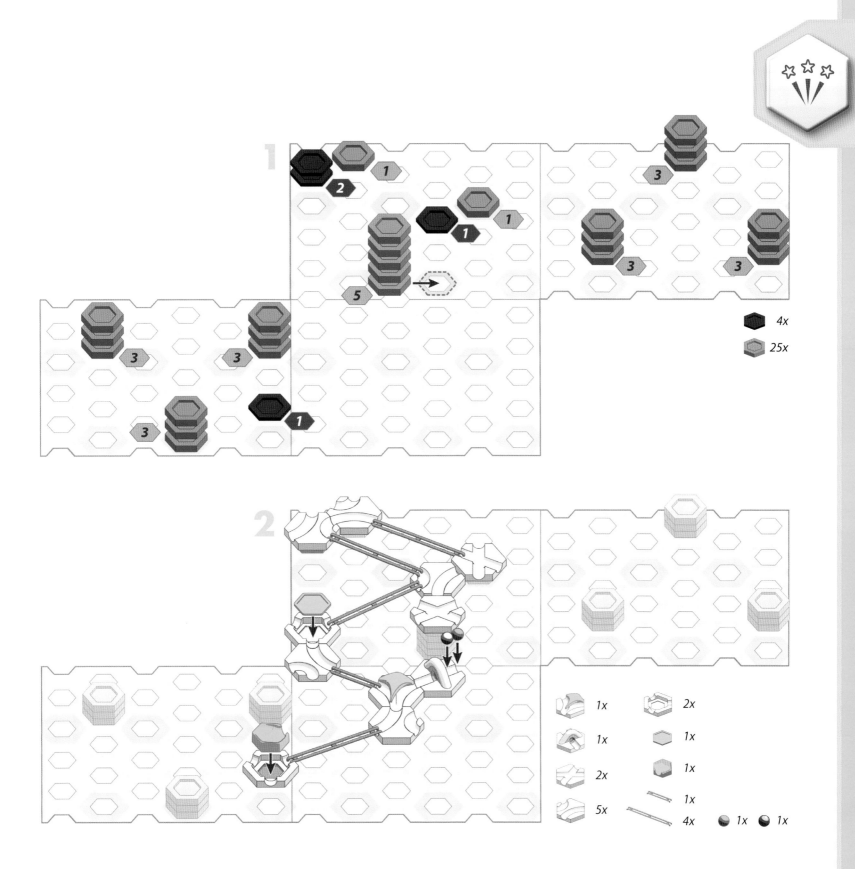

31

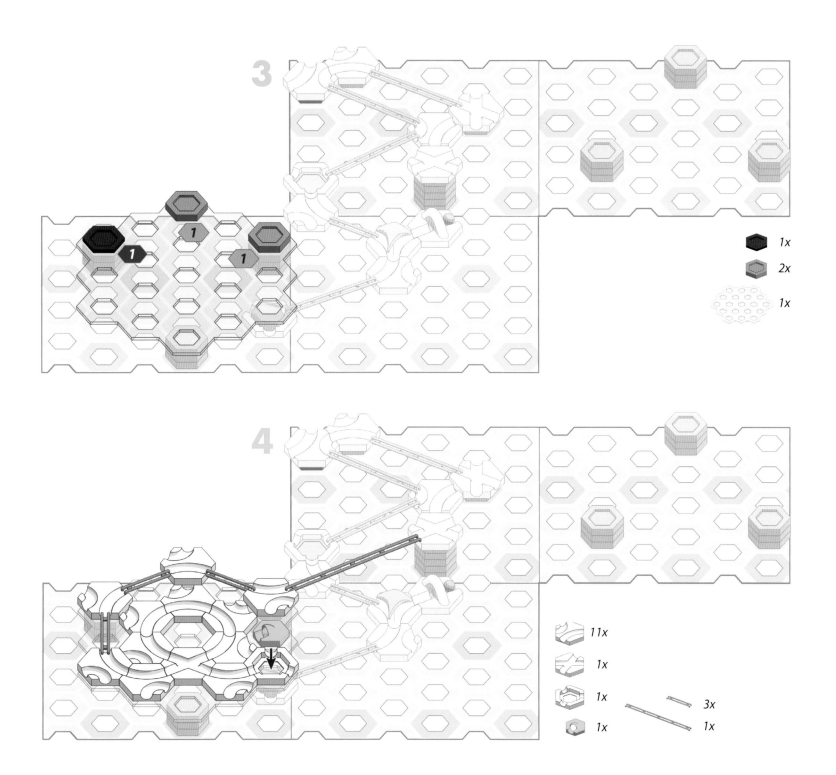

3

1x
2x
1x

4

11x
1x
1x
3x
1x

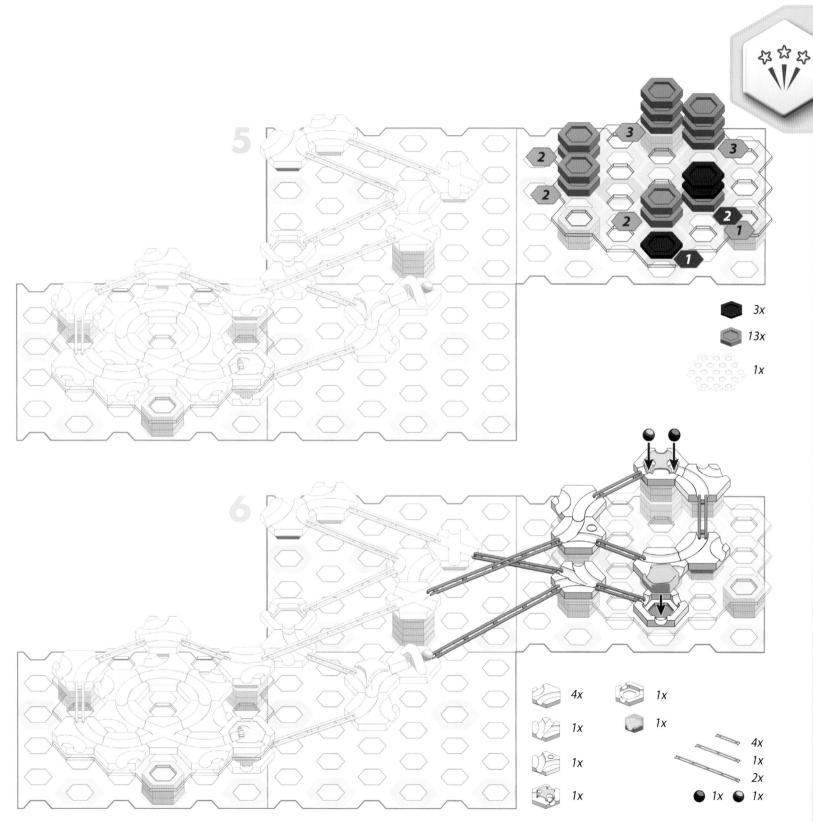

5

2
2
2

3
3

2
1

1

3x
13x
1x

6

4x   1x

1x   1x

1x

1x

4x
1x
2x

1x   1x

앱 코드: BOOKTRACK5

트랙 6 U-Bahn

독일의 지하철을 U-Bahn이라고
합니다. 그래서 이번에는 트랙을 U자
모양으로 준비해 보았어요.

진짜 지하철처럼 많은 터널을 지나가는
모습을 볼 수 있을 거예요!

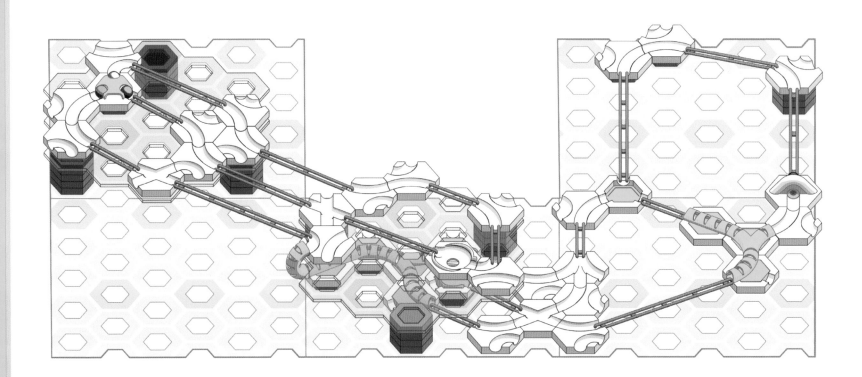

준비물:
코어 스타터 + 터널

특징:
U자 모양으로 배치된 기본 플레이트

부품 수:
124

1

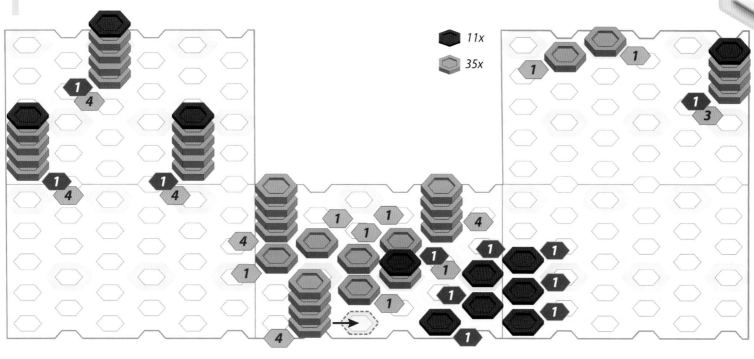

Components:
- 11x (dark hexagons)
- 35x (light hexagons)

2

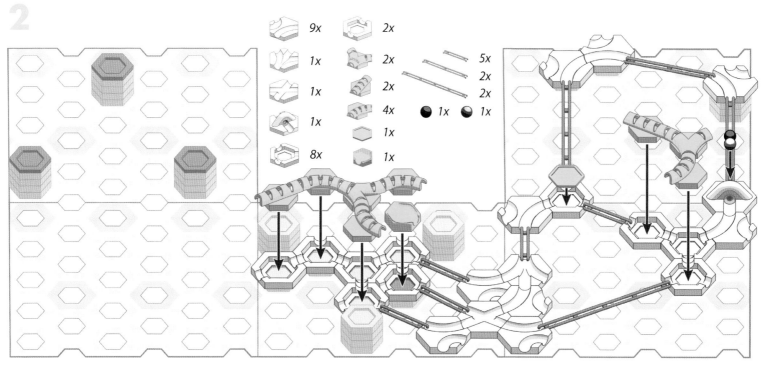

Components:
- 9x
- 1x
- 1x
- 1x
- 8x
- 2x
- 2x
- 2x
- 4x
- 1x
- 1x
- 5x
- 2x
- 2x
- 1x ● 1x ◗

3

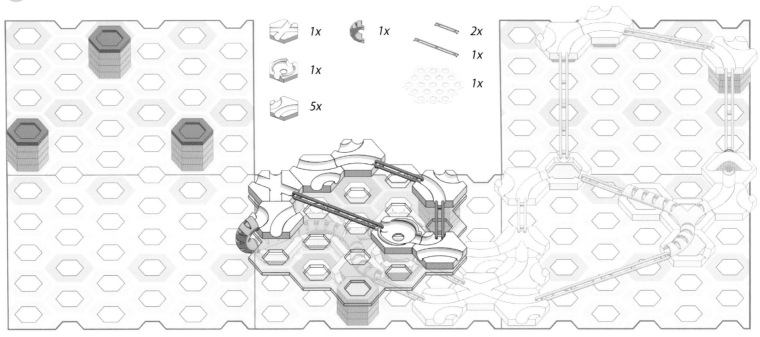

1x
1x
2x
1x
1x
1x
5x

4

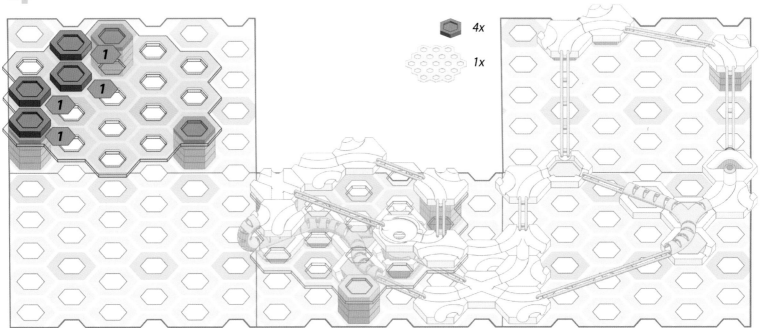

4x
1x

1 1
1 1
1

5

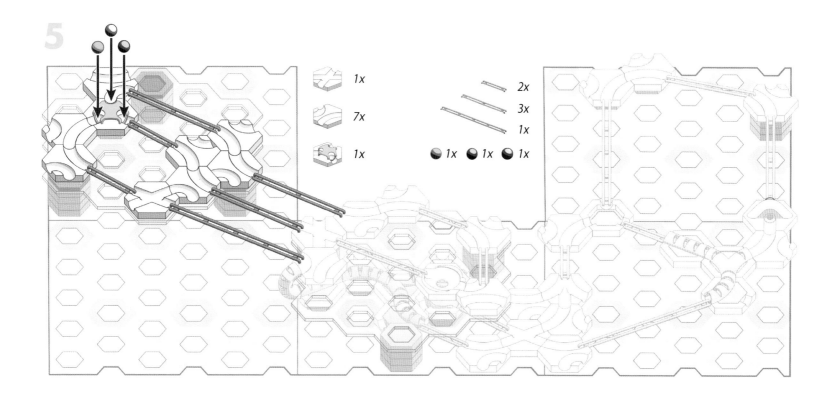

1x

7x

1x

2x

3x

1x

1x ● 1x ● 1x

숨은 원리 찾기 루핑 이야기

액션 스톤이 빠른 속력으로 루핑을 향해 달려옵니다. 루핑을 통과할 때, 액션 스톤은 실제로 오르막길을 따라 굴러갑니다. 조금 더 자세히 들여다 보면, 이 과정에서 완전히 위아래가 뒤집힌 채로 트랙을 구르고 있네요! 액션 스톤의 위에 트랙이 있고 아래에는 아무것도 없어서 허공에 떠 있는 것처럼 보입니다! 액션 스톤은 루핑을 따라 한 바퀴 빙글 돌더니 다시 트랙을 따라 굴러갑니다.

그런데 루핑의 작동 원리는 무엇이고, 이때 왜 액션 스톤이 아래로 떨어지지 않는 걸까요?

마법이라도 부려서 액션 스톤이 하늘을 날았던 걸까요? 물론 당연히 아닙니다. 물론 때때로 루핑을 통과하던 액션 스톤이 도중에 아래로 떨어지기도 하는 걸 본 적이 있을 거예요. 아마도 느리게 통과할 때였을 겁니다. 반대로 빠른 속력으로 이동한다면, 여러 종류의 힘이 액션 스톤에 작용하여 루핑을 통과할 수 있습니다.

그렇다면 어떤 힘이 관련이 있는 걸까요? 우선 *중력*이 작용합니다. 중력에 관해서는 앞서 마그네틱 캐넌과 함께 익혔을 테지요. 중력이 있어서 모든 물체가 아래로 떨어지려는 힘을 받습니다. 이는 바로 우리가 살고 있는 행성인 지구가 그것들을 끌어당기고 있기 때문입니다. 중력이 없다면, 우리는 모두 우주인처럼 둥둥 떠다니고 있었을 거예요.

마찬가지로, 모든 물체들 또한 끌어당기는 힘을 제각기 가지고 있습니다. 심지어 이 힘은 지구를 끌어당기기도 하지요. 하지만 이는 매우 미미한 힘에 불과합니다. 왜냐하면 물체의 질량이 중력을 결정짓는 주된 요인인데, 지구의 질량이 지표면에 있는 모든 다른 물체들보다도 훨씬 크기 때문입니다.

*중력*은 한 물체의 *질량*과 *중력 가속도*를 이용하면 계산해낼 수 있습니다. 이 힘의 크기는 지구상 어디에 있더라도 대부분 동일한데, 이는 전 세계 어디에 있더라도 물체를 떨어뜨리면 똑같은 속력으로 낙하하는 이유이기도 합니다. "대부분" 동일하다고 표현한 것은 지구가 완전한 구형이라기보다는 매끈한 감자와도 같은 모양을 닮았기 때문입니다. 이러한 이유로 *적도* 지방에서의 중력 가속도가 북극이나 남극에서보다 낮게 측정되는 것입니다. 지구 중심으로부터의 거리는 극지방이 적도 지방보다 조금 더 가깝습니다.

사실, 지구는 완전한 구형이라고 할 수는 없습니다.

원리 한눈에 보기

① 액션 스톤은 운동 에너지를 가진 채 루핑으로 들어옵니다. 트랙을 따라 가장 높은 부분을 향해 나아가며 운동 에너지는 위치 에너지로 전환됩니다.
② 루핑의 가장 높은 부분에서 위치 에너지는 제일 크고, 운동 에너지는 제일 작습니다. 액션 스톤은 내리막길을 통과하며 다시 아래로 내려옵니다.
③ 액션 스톤이 내려오면서 위치 에너지가 점차 운동 에너지로 전환됩니다. 액션 스톤은 운동 에너지를 가진 채 루핑을 빠져나갑니다.

(루핑 시작점) 운동 에너지 최대
(오르막길) 운동 에너지가 위치 에너지로 전환
(루핑 최고점) 위치 에너지 최대, 운동 에너지 최소
(내리막길) 위치 에너지가 운동 에너지로 전환
(루핑 마지막 지점) 운동 에너지로 루핑이 빠져나감

2022 개정 교육과정 연계
(10) 물체의 운동
[6과10-01] 운동하는 물체는 시간에 따라 위치가 변화함을 알고 그 변화를 표현할 수 있다.

2015 개정 교육과정 연계
(17) 에너지와 생활
[6과17-02] 자연 현상이나 일상생활의 예를 통해 에너지의 형태가 전환됨을 알고, 에너지를 효율적으로 사용하는 방법을 토의할 수 있다.

롤러코스터의 구심력

트랙 조립 시 참고:

액션 스톤이
충분한 운동량으로
루핑을 통과하게 하세요.

루핑을 통과하고 난 후에는
속력이 줄어듭니다.

루핑 뒤에 급격한 방향
전환은 안 돼요.

하지만 그래비트랙스로 트랙을 만들 때는 이러한 차이를 알아차릴 수 없습니다. 여러분이 북극권에 있는 핀란드에서 트랙을 만들건 적도 지방에 있는 인도네시아에서 만들건 아무런 차이를 느낄 수 없을 거예요.

중력은 다른 힘이 작용하지 않는 한 액션 스톤을 트랙에서 아래로 굴러가도록 합니다. 그런데 루핑을 통과할 때는 왜 액션 스톤이 아래로 떨어지지 않을까요? 심지어 루핑의 궤도를 따라 위를 향해 트랙을 오르기도 합니다.

이는 다음과 같은 내용으로 설명할 수 있습니다. 어떤 물체가 가속될 때, 그 물체는 기존의 속력과 방향을 유지하려는 성질이 있습니다. 이를 **관성**이라고 부릅니다. 루핑 같은 궤도가 없다면 액션 스톤은 그저 앞으로 나아가기만 할 것입니다. 하지만 그렇지 않은 경우, 예를 들어 루핑처럼 곡선 궤도가 있는 경우, 액션 스톤은 속력만 충분히 빠르다면 회전 운동을 하더라도 곡선 궤도를 따라 움직입니다.

액션 스톤이 루핑 궤도의 꼭대기에 다다를 때, 중력이 지구 중심을 향해 아래로 작용합니다. 이때 액션 스톤에는 **구심력**이라는 다른 힘이 한 가지 더 작용합니다. 이 힘이 곡선 궤도 위에 있는 물체를 밀어내면서 루핑 궤도 면으로부터 반대 방향으로 액션 스톤에 힘을 가합니다. 속력이 충분히 빠른 경우 구심력이 중력보다 더 커집니다. 구심력은 액션 스톤을 궤도에 머무르게 하면서 아래로 떨어지지 않게 합니다.

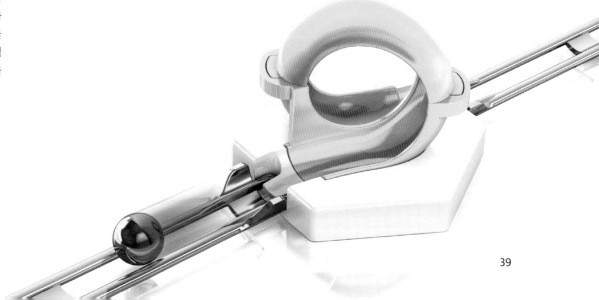

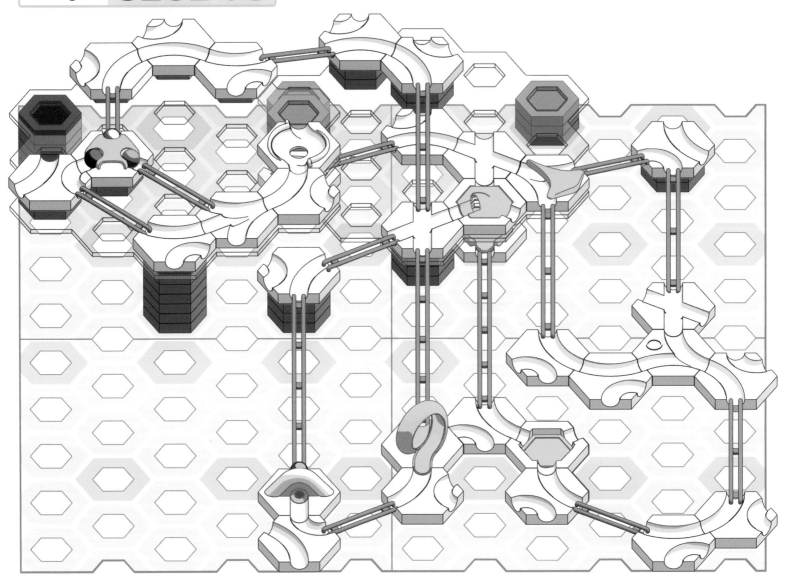

준비물:
코어 스타터 + 루핑

특징:
루핑과 순환형 트랙

부품 수:
108

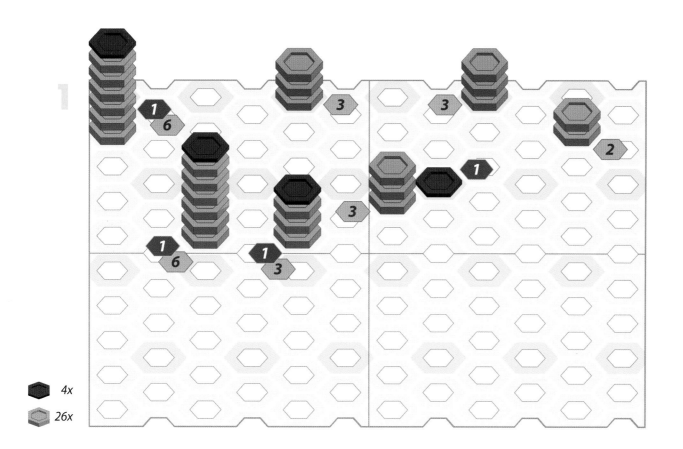

1

4x

26x

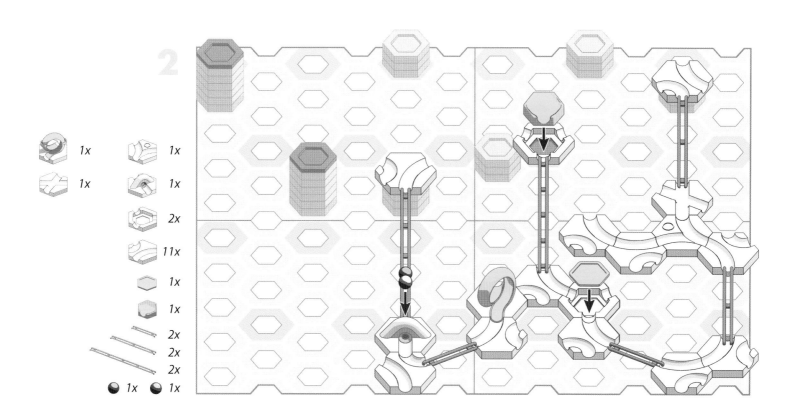

2

1x   1x

1x   1x

2x

11x

1x

1x

2x

2x

2x

1x   1x

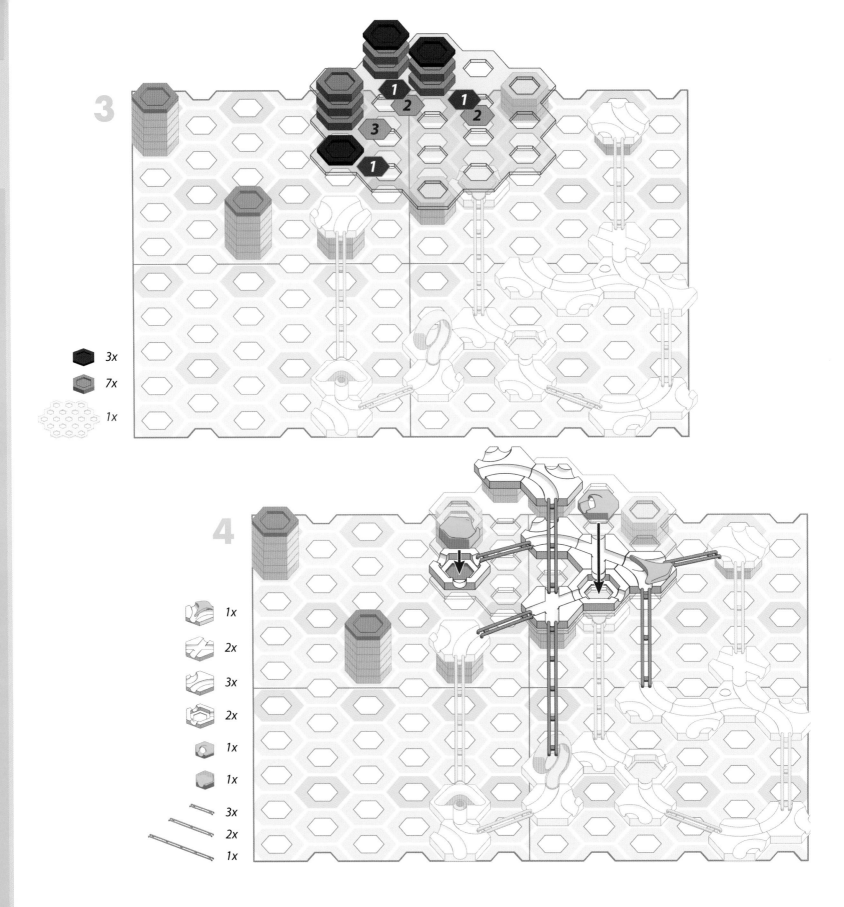

3

3x
7x
1x

4

1x
2x
3x
2x
1x
1x
3x
2x
1x

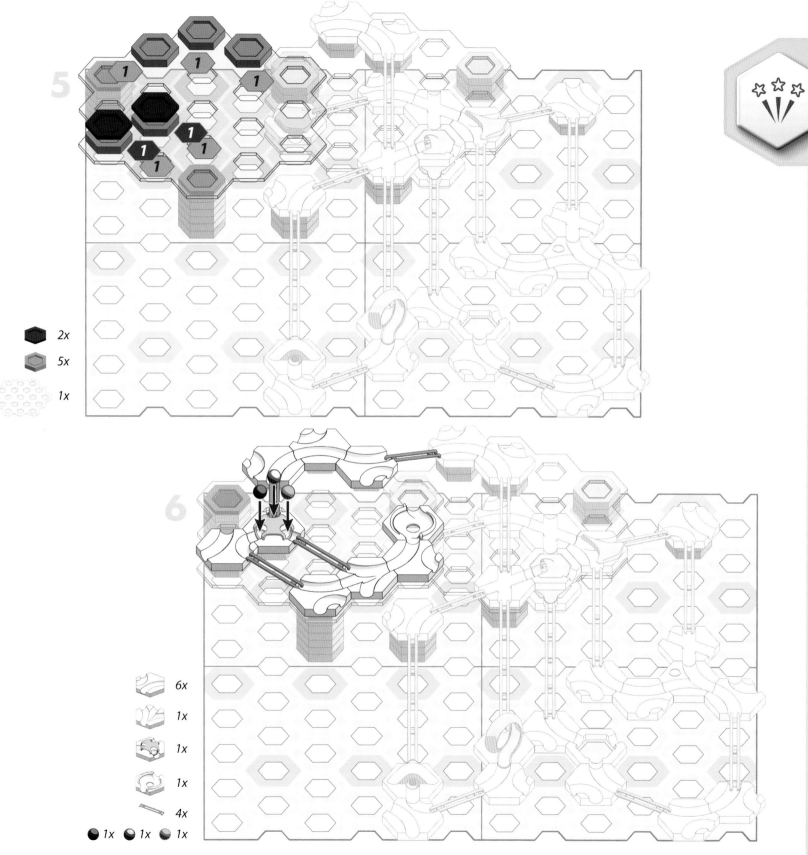

5

2x
5x
1x

6

6x
1x
1x
1x
4x

1x 1x 1x

앱 코드: BOOKTRACK7

43

숨은 원리 찾기 스쿠프 이야기

액션 스톤이 스쿠프에 도착하면, 아이스크림 스쿠프 모양의 초록색 부품이 풍차처럼 앞으로 회전합니다. 구슬 2개가 달린 부분이 아래로 움직이면 액션 스톤이 스쿠프 안에 담겨 위로 끌어올려집니다. 이 액션 스톤은 이제 "위층"에 있는 트랙에서 굴러가게 됩니다.

그런데 스쿠프의 작동 원리는 무엇이고, 어떻게 액션 스톤을 끌어올리는 걸까요?

액션 스톤이 굴러와 스쿠프 안쪽에 들어가며 스위치를 누르게 되고, 고정되었던 스쿠프를 움직이게 만듭니다. 스쿠프에서 구슬 2개가 달린 부분이 추 역할을 하는데, 여기에 *에너지*가 저장되어 있습니다. 이것은 각 물체가 그 위치(높이)에 따라 갖는 위치 에너지입니다. 사실, 여러분이 이미 스쿠프의 추를 들어올렸기 때문에, 이 에너지는 여러분으로부터 온 것이라 할 수 있습니다.

*위치 에너지*는 중력 가속도와 그 물체의 *질량*과 높이로 계산됩니다. *에너지 보존의 법칙*에 따라 이상적인 환경에서 내부 에너지의 총합은 항상 일정하게 보존됩니다. 에너지를 "잃는다"거나 "얻는다"는 등의 표현을 여러 번 들어보았을 텐데요. 하지만 사실 에너지는 생성되거나 사라지는 것이 아닙니다. 에너지는 서로 주고 받거나 전환이 된다고 보는 것이 더 정확합니다.

사실 여기에서 말하고자 하는 바는 어떤 형태의 에너지가 다른 형태로 전환된다는 점입니다. 에너지가 취하는 일부 형태 중에는 다른 에너지 형태로 쉽게 전환되는 것들이 있습니다. 바로 위치 에너지가 그러한 사례로, 쉽게 에너지 전환이 일어납니다.

원리 한눈에 보기

① 액션 스톤이 굴러와 스쿠프 안쪽에 들어가며 스위치를 누릅니다. 스쿠프의 추 2개가 중력에 의해 내려오고, 추가 갖고 있던 위치 에너지가 운동 에너지로 전환됩니다.

② 추가 내려오면서 스쿠프가 작동합니다. 스쿠프에 담긴 액션 스톤은 위층으로 올라가서 굴러갈 운동 에너지를 갖게 됩니다.

(스위치 작동) 무게 추의 위치 에너지가 운동 에너지로 전환
(액션 스톤 상승) 액션 스톤이 위층에서 굴러갈 운동 에너지 증가

그 밖의 이야기:
스쿠프를 작동시키는 모든 에너지가 어디에서 온 것인지 궁금한가요? 우선, 여러분이 스쿠프의 추를 들어올릴 때 에너지가 전달되는 것입니다. 그럼 여러분은 에너지를 어디서 전달받을까요? 바로 여러분이 먹고 마시는 음식으로부터 공급받습니다. 여러분은 음식에 함유된 화학 에너지를 위치 에너지(등산 등)나 운동 에너지(달리기 등) 또는 그래비트랙스 트랙에 저장할 수 있는 다른 여러 형태의 에너지로 전환시킬 수 있습니다. 그 음식들은 태양으로부터 에너지를 받은 것들입니다. 빛 에너지가 식물 속 화학 에너지로 전환된 결과물을 여러분이 섭취하는 것이지요. 따라서 태양이야말로 지구상에서 벌어지는 모든 일들의 가장 큰 에너지 공급원이라고 할 수 있습니다.

여러분에게도 에너지가 있어요.

스쿠프에 저장된 위치 에너지는 *중력 가속도*에 의해 운동 에너지로 전환됩니다. 스쿠프의 고정이 풀리면 추 부분이 중력에 의해 아래로 향하며 회전 운동을 합니다. 그 결과로 스쿠프 안쪽에 들어온 액션 스톤을 높은 곳으로 들어올릴 수 있습니다. 이것이 바로 액션 스톤에 위치 에너지와 운동 에너지가 거쳐가는 과정입니다. 위치 에너지로 인해 액션 스톤이 높은 곳으로 올려지고, 운동 에너지로 인해 "위층"에서 굴러갈 추진력을 얻게 됩니다.

미끄럼틀을 탈 때 마찰을 느낄 수 있습니다.

반면 *열에너지*의 경우는 전환이 쉽게 일어나지 않습니다. 이 에너지는 다른 형태의 에너지로 잘 바뀌지 않습니다. 그래서 대개의 경우 열에너지를 "효율적이지 못한" 것으로 봅니다. 열에너지는 때때로 *마찰*이라는 형태로 나타납니다. 마찰에 의해 운동 에너지가 열에너지로 변환됩니다. 이를 두고 에너지 손실이라고 부르기도 합니다.

마찰이 없다면, 많은 운동이 멈추지 않을 것입니다. 예를 들어 액션 스톤 역시 무한한 트랙 위에 놓인 채 움직인다면, 영원히 굴러갈 겁니다. 미끄럼틀에서 빠르게 미끄러져 내려오는 경우처럼, 일상에서 마찰을 통해 열을 느끼는 경우도 있습니다. 하지만 그래비트랙스 트랙에서는 마찰을 직접 느낄 수는 없습니다. 오직 그저 액션 스톤이 똑바로 굴러가다 멈추는 모습에서 마찰의 존재를 눈으로 볼 수 있을 뿐입니다.

트랙 조립 시 참고:

💡 충분한 운동량이 있어야 스쿠프가 작동합니다.

💡 높이에 맞게 코스를 만들거나 내려가는 코스를 만들어 보세요.

💡 기둥 타일 4.5개까지 액션 스톤을 올릴 수 있지만, 3.5개 정도가 적당해요.

2022 개정 교육과정 연계
(10) 물체의 운동
[6과10-01] 운동하는 물체는 시간에 따라 위치가 변화함을 알고 그 변화를 표현할 수 있다.

2015 개정 교육과정 연계
(9) 물체의 무게
[4과09-01] 일상생활에서 물체의 무게를 측정하는 예를 조사하고 무게 측정이 필요한 이유를 설명할 수 있다.

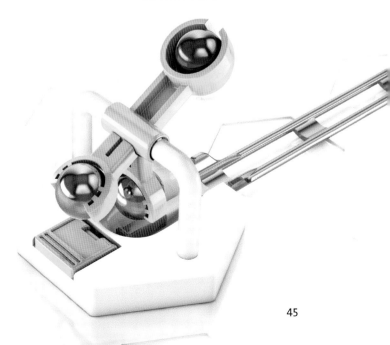

이 트랙은 소용돌이 모양을 하고 있습니다.
액션 스톤이 나선형으로 돌면서 안쪽에서
바깥쪽으로 굴러갑니다.
스쿠프가 액션 스톤을 집어서 다시 높은
곳으로 올려줍니다.

트랙 8 나선형 소용돌이

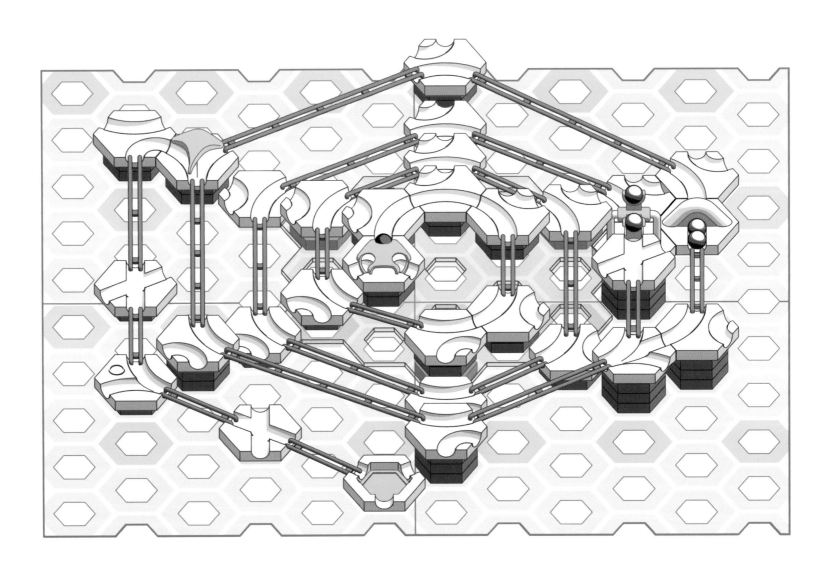

준비물:
코어 스타터 + 스쿠프

특징:
나선형으로 오르락내리락

부품 수:
109

1

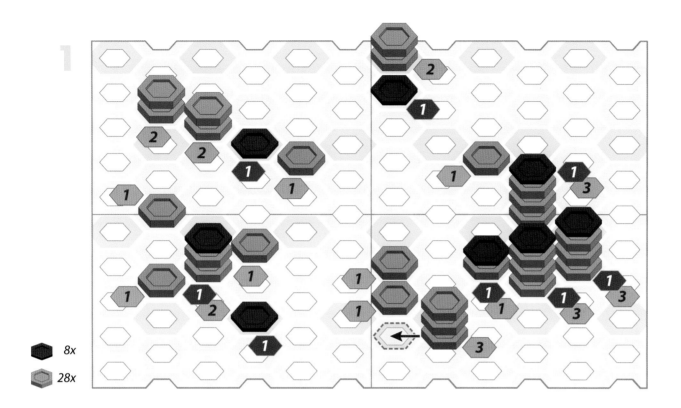

8x

28x

2

1x
1x
3x

1x
1x
1x
12x
1x
1x

5x
7x
4x
2x

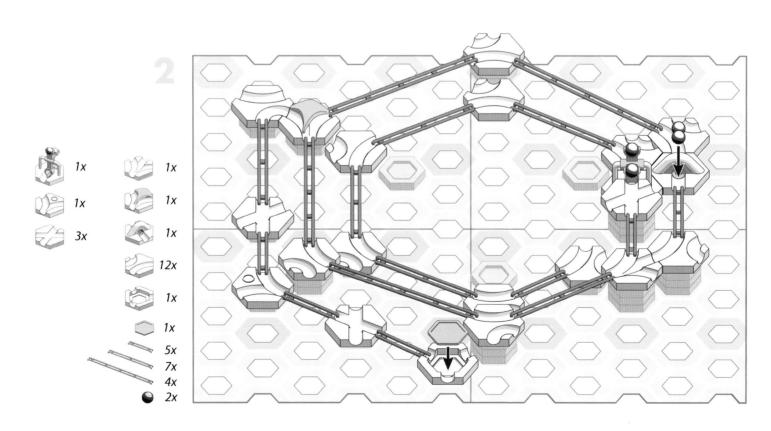

3

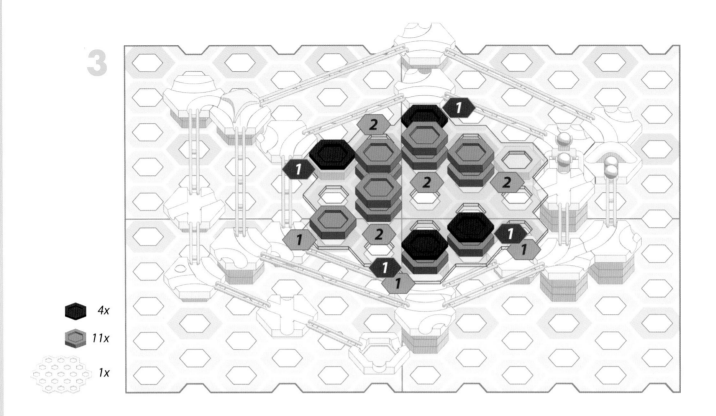

4x

11x

1x

4

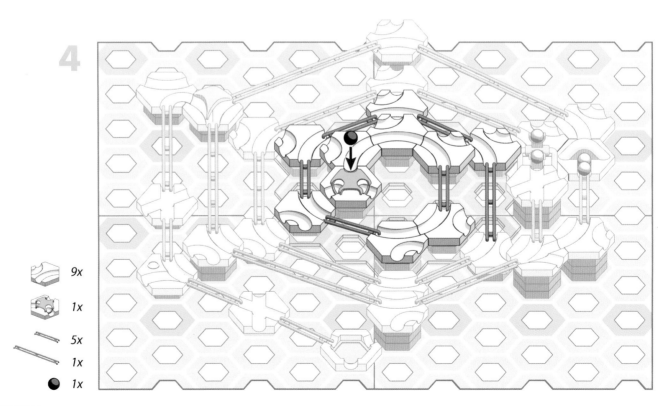

9x

1x

5x

1x

1x

트랙 9 메가트랙스

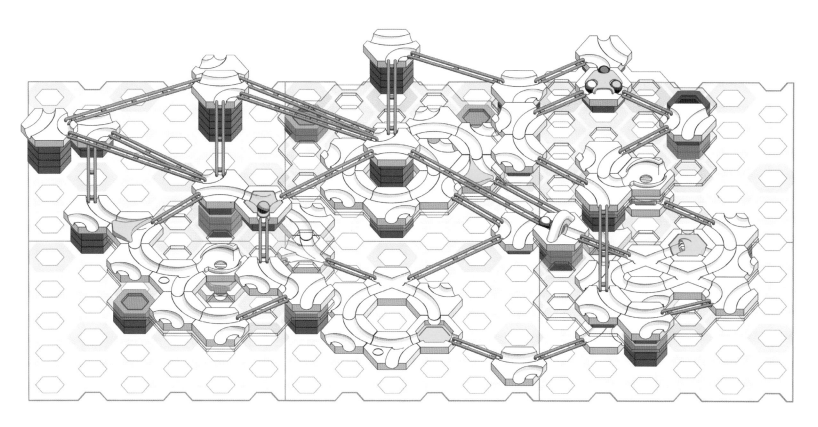

준비물:
코어 스타터 x2

특징:
두 배로 커진 규모, 두 배의 재미

부품 수:
202

1

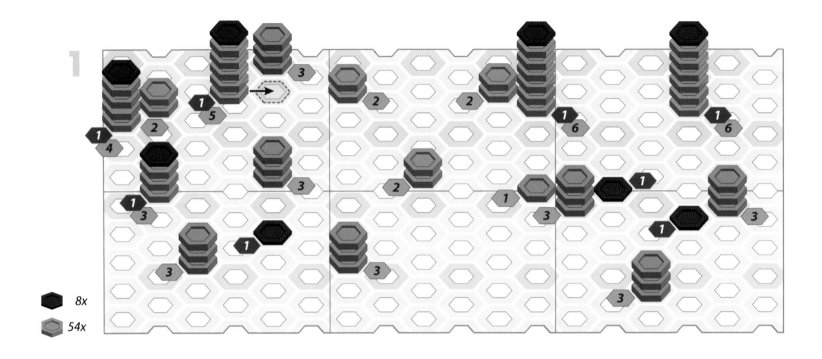

8x
54x

2

2x
1x
2x
13x
3x
1x
2x
6x
2x
2x

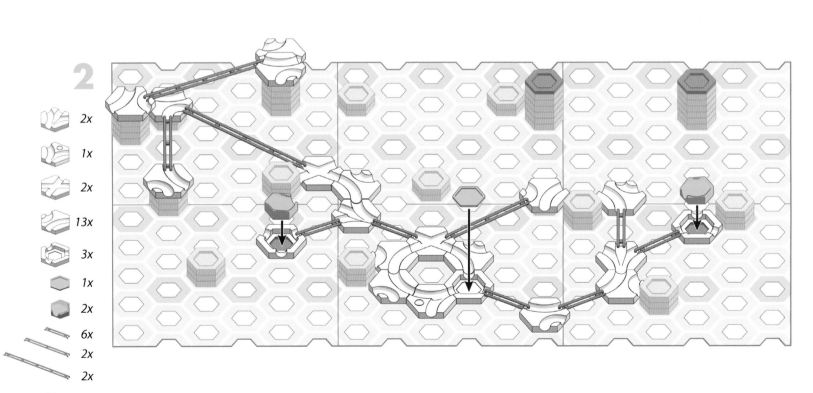

3

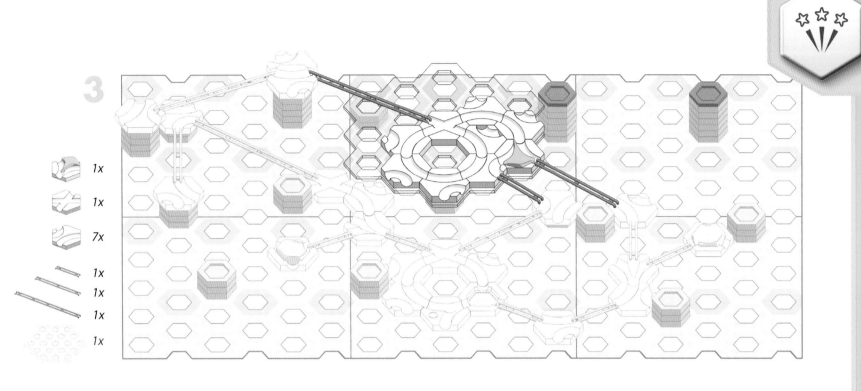

- 1x
- 1x
- 7x
- 1x
- 1x
- 1x
- 1x

4

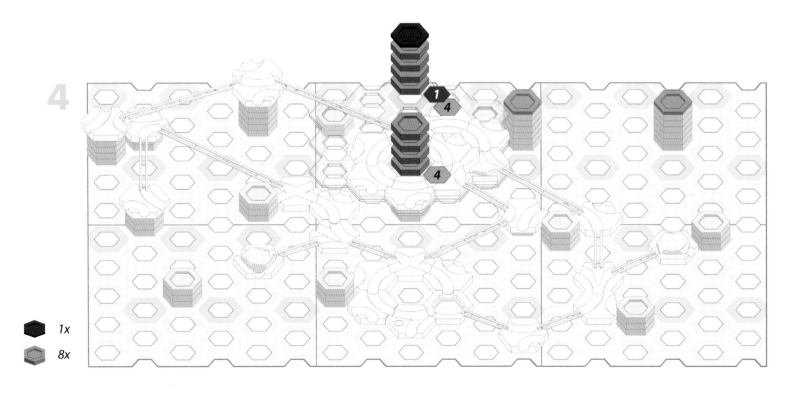

- 1x
- 8x

5

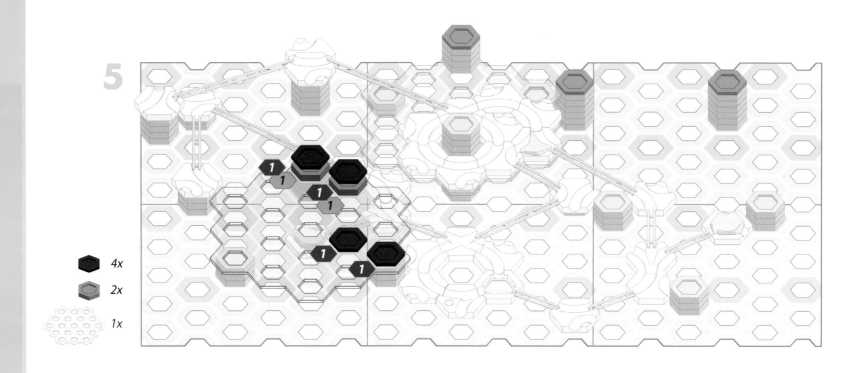

4x
2x
1x

6

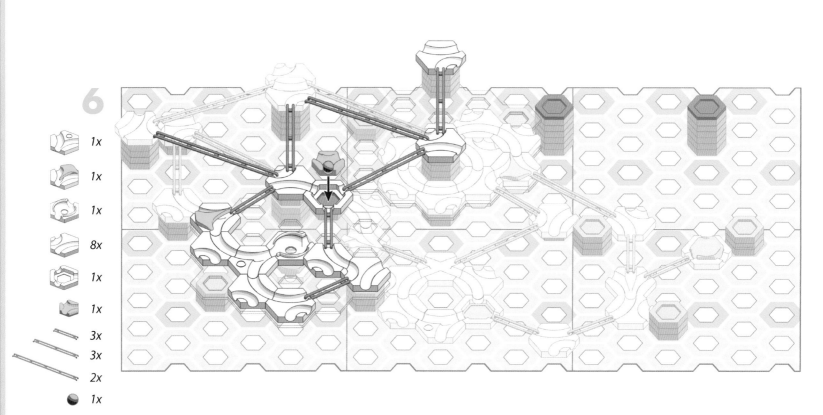

1x
1x
1x
8x
1x
1x
3x
3x
2x
1x

52

7

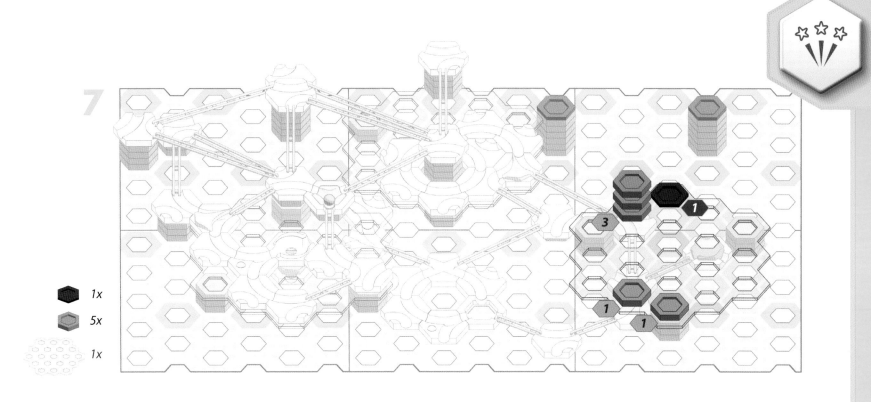

1x
5x
1x

8

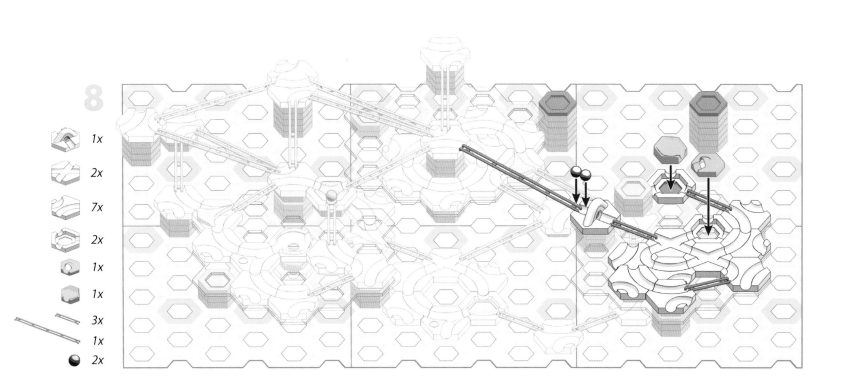

1x
2x
7x
2x
1x
1x
3x
1x
2x

9

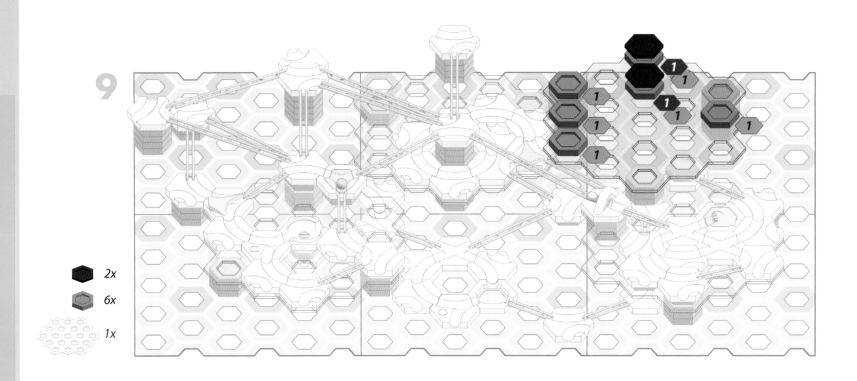

- 2x
- 6x
- 1x

10

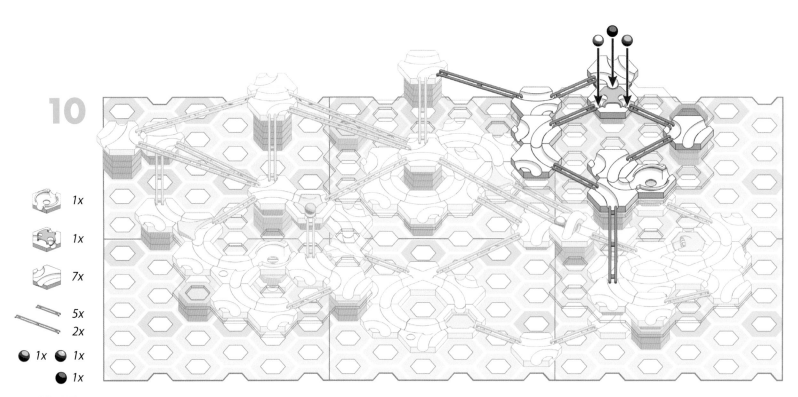

- 1x
- 1x
- 7x
- 5x
- 2x
- 1x 1x
- 1x

앱 코드: BOOKTRACK9

숨은 원리 찾기 트랜스퍼 이야기

액션 스톤이 트랜스퍼에 도착하면, 트랜스퍼 전달부에 의해 균형을 잡으며 두 번째와 세 번째 트랜스퍼로 차례차례 "옮겨집니다." 그런 다음 액션 스톤은 다음 트랙을 따라 굴러갑니다. 트랙에 트랜스퍼가 1개뿐인 경우에도, 트랜스퍼 전달부가 액션 스톤을 다음 트랙 구역으로 직접 나릅니다.

그런데 트랜스퍼의 작동 원리는 무엇이고, 트랜스퍼는 어떻게 액션 스톤을 이어서 나를 수 있는 걸까요?

트랜스퍼가 작동하는 동안, 앞서 이미 소개된 2가지 종류의 에너지, 바로 *위치 에너지*와 *운동 에너지*가 서로 반복적으로 전환되는 일이 벌어집니다. 트랜스퍼에 적당한 속력으로 도착한 액션 스톤에는 운동 에너지가 담겨 있습니다. 이때 속력이 충분하다면 트랜스퍼에 도착하여 *운동량*을 전달할 때, 운동 에너지의 일부가 위치 에너지로 전환되며 그 효과로 액션 스톤이 들어올려집니다. 이렇게 함으로써 액션 스톤이 트랜스퍼 전달부의 가장 높은 지점을 넘어가면 다음 번 트랜스퍼의 전달부를 향해 내려갑니다. 다음 번 트랜스퍼는 앞서의 트랜스퍼보다 더 낮은 높이에 위치하고 있습니다.

운동량을 전달받음으로써, 액션 스톤의 운동 에너지가 다시 보충됩니다. 그러고 나서 그중 일부가 다시 위치 에너지로 전환되기를 반복합니다. 트랜스퍼 3개를 트랙에 연이어 배치했다면 이 과정을 세 번 반복할 것입니다.

그네도 트랜스퍼와 비슷하게 작동합니다. 마찬가지로 그네에서도 운동 에너지와 위치 에너지가 서로 교차해 가며 변환됩니다. 하지만 그래비트랙스 트랙의 액션 스톤과는 달리, 사람이 그네를 탈 때는 더 높은 곳에서 그네로 옮겨지지 않습니다. 그네를 타는 사람은 자기 다리를 이용해 운동량을 얻거나 스스로를 밀어내어 에너지의 총량을 유지합니다.

그네 타기와 에너지 보존의 법칙

원리 한눈에 보기

① 트랜스퍼에 도착한 액션 스톤에는 운동 에너지가 있습니다. 트랜스퍼의 최고점으로 가면서 운동 에너지는 위치 에너지로 전환됩니다.

② 최저점으로 내려오며 트랜스퍼는 가장 큰 운동 에너지를 갖고, 다음 트랜스퍼로 액션 스톤을 전달합니다.

(트랜스퍼 직전) 액션 스톤은 운동 에너지 보유
(트랜스퍼의 최고점) 액션 스톤의 위치 에너지 최대
(트랜스퍼의 최저점) 액션 스톤의 운동 에너지 최대

2022 개정 교육과정 연계
(10) 물체의 운동
[6과10-01] 운동하는 물체는 시간에 따라 위치가 변화함을 알고 그 변화를 표현할 수 있다.

2015 개정 교육과정 연계
(17) 에너지와 생활
[6과17-02] 자연 현상이나 일상생활의 예를 통해 에너지의 형태가 전환됨을 알고, 에너지를 효율적으로 사용하는 방법을 토의할 수 있다.

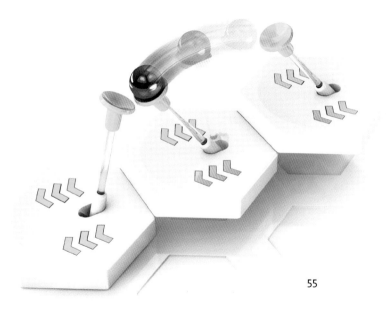

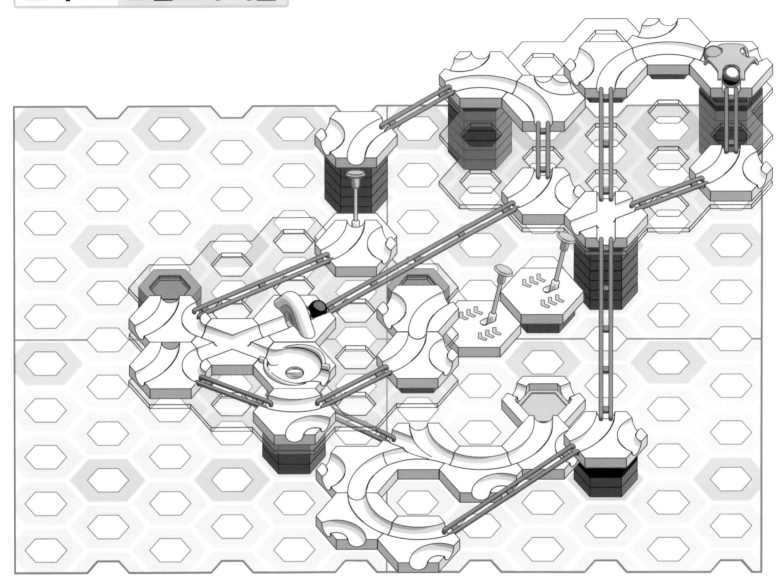

준비물:
코어 스타터 + 트랜스퍼

특징:
두 곳에서 각각 작동하는 트랜스퍼

부품 수:
101

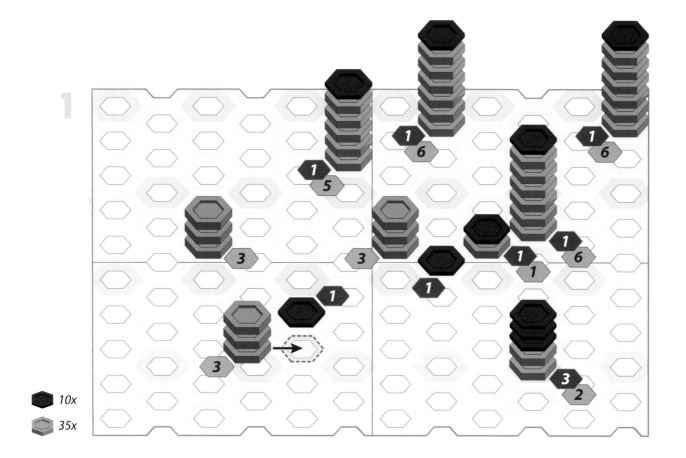

10x

35x

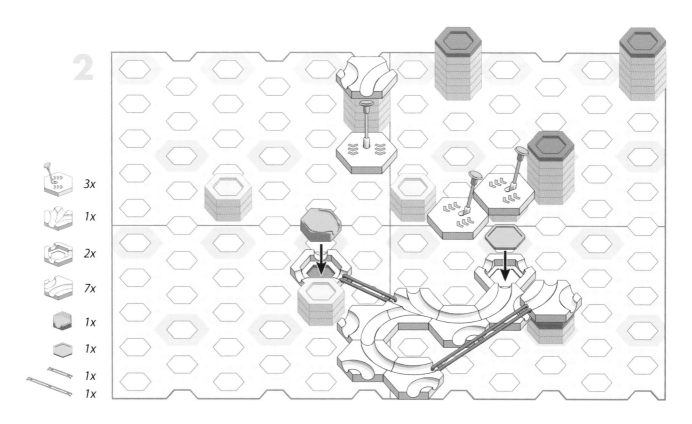

3x

1x

2x

7x

1x

1x

1x

1x

3

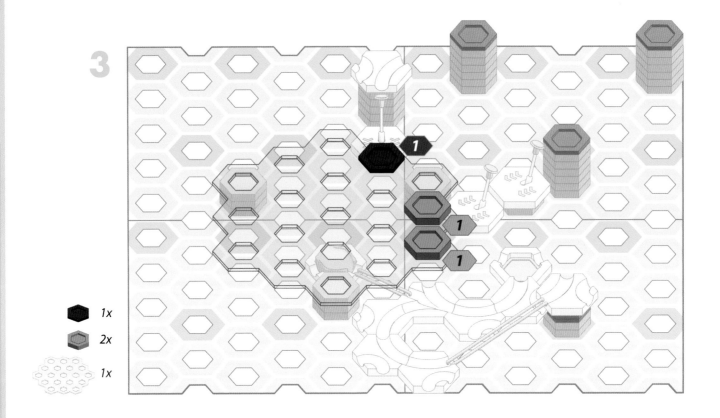

1x
2x
1x

4

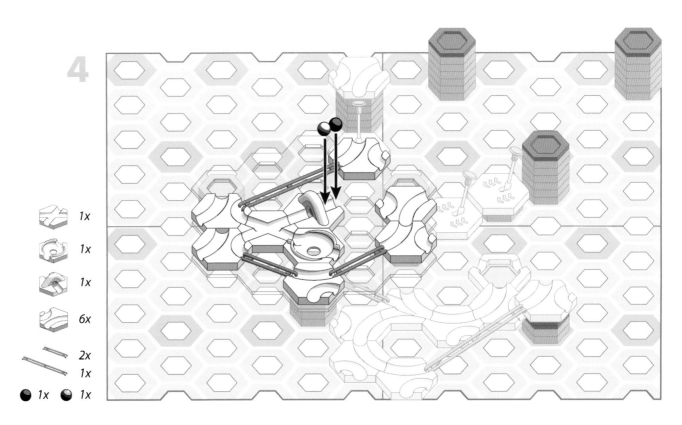

1x
1x
1x
6x
2x
1x
1x 1x

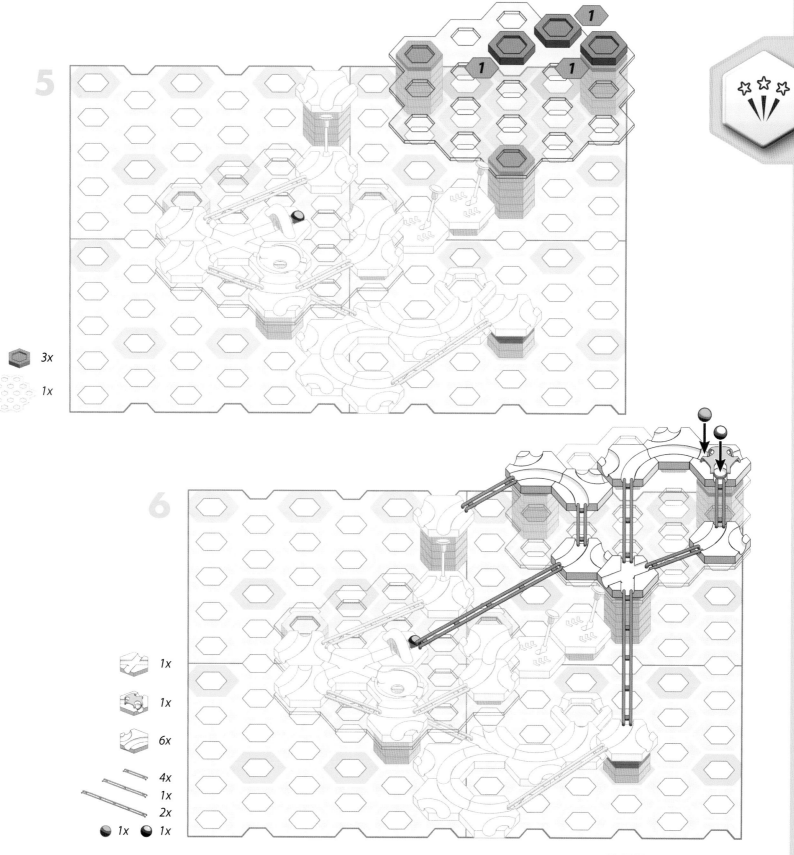

5

3x

1x

6

1x

1x

6x

4x

1x

2x

1x   1x

숨은 원리 찾기 플립 이야기

액션 스톤이 플립을 향해 굴러갑니다. 하지만 그 트랙은 이제 막다른 트랙처럼 보입니다. 그런데 갑자기, 휙! 하고 플립이 액션 스톤을 휘감더니 한 층 높은 곳에 있는 타일로 올려줍니다. 그곳에서 액션 스톤은 방향을 반대로 바꾸어 계속 굴러갑니다. 이 효과는 스쿠프와 비슷하지만, 플립은 다른 종류의 에너지를 사용합니다.

그렇다면 플립의 작동 원리는 무엇이고, 어떻게 액션 스톤을 위 트랙으로 올리는 걸까요?

외관으로는 드러나지 않지만, 금속 스프링이 플립 내부에 장착되어 있습니다. 이는 흰색 기둥 주변에서 플립을 잡아두는 역할을 하는 초록색 부분 아래에 위치합니다. 액션 스톤을 굴리기 전에, 플립을 돌려서 걸어 잠그면 이 스프링이 팽팽해집니다. 팽팽해진 스프링에는 *탄성 에너지*라고 불리는 에너지가 저장됩니다. 이번에도 마찬가지로, 여러분이 트랙에 에너지를 전달하는 역할을 담당하게 됩니다. 이렇게 저장된 에너지는 곧 다른 형태로 전환될 것입니다.

탄성 에너지는 물체의 *탄성 변형*으로 인해 그 물체 자체에 깃들어 있습니다. 이는 그 물체가 변형되었으며, 강제로 저지하지 않는 이상 자동으로 원래 모양으로 되돌아간다는 것을 뜻합니다. 손가락으로 스프링을 눌러 보면, 이 금속 물체가 어떻게 변형되는지 볼 수 있습니다. 스프링은 더 짧아지고, 나선 사이마다 간격이 더 좁아집니다. 눌렀던 손을 떼자마자, 스프링은 다시 원래 길이로 길어집니다.

이 과정이 탄성 변형이 일어나는 모습입니다. 플립을 돌려 걸어 잠글 때에도, 스프링이 팽팽해지는 것을 느낄 수 있습니다. 그리고 플립이 완전히 고정되기 전에 손을 놓으면, 즉시 원래 위치로 재빠르게 돌아갑니다. 손가락으로 스프링을 눌렀을 때에도 이와 같은 현상이 일어납니다.

이와 반대되는 현상인 *소성 변형*에서는, 변형된 상태가 유지됩니다. 찰흙에 손가락으로 구멍을 뚫을 때 이러한 모습을 볼 수 있습니다. 찰흙에서 손가락을 빼더라도 여전히 구멍이 남아 있습니다. 이 경우 손가락의 운동 에너지가 마찰을 일으키며 열에너지로 변환됩니다.

탄성 에너지는 스프링에 장력을 가하는 데 얼마나 많은 *일*을 했는지에 따라 크기가 달라집니다. 스프링을 강하게 누를수록, 더 많은 일을 한 것이어서, 이후에 더 많은 에너지가 방출될 것입니다.

원리 한눈에 보기

① 액션 스톤이 플립으로 들어가 스위치를 누르면, 플립의 탄성 에너지가 운동 에너지로 전환됩니다.

② 이 에너지는 플립에 들어간 액션 스톤의 위치 에너지 및 운동 에너지로 전환되어, 액션 스톤을 한 층 높은 곳으로 튀어 나가게 합니다.

(스위치 작동) 플립의 탄성 에너지가 운동 에너지로 전환

(플립의 최고점) 액션 스톤의 위치 에너지와 운동 에너지로 전환

그 밖의 이야기:

진공 청소기 전원 케이블을 되감는 장치는 많은 제품에서 비슷하게 작동합니다. 마치 볼펜이나 태엽식 장난감 자동차의 작동 원리처럼 말이지요. 장난감 자동차를 뒤로 밀 땐 스프링이 팽팽하게 되고, 차를 놓자마자 탄성 에너지가 방출되면서 차를 앞으로 빠르게 이동시킵니다. 물론 이외에도 스프링의 탄성력을 이용한 많은 사례를 찾아볼 수 있을 거예요!

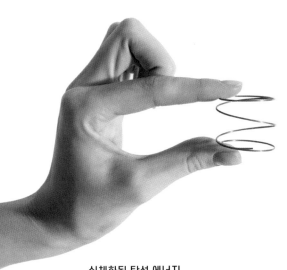

실체화된 탄성 에너지

장난감 자동차의 스프링 작동 원리

트릭 조립 시 참고:

💡 충분한 운동량이 있어야
플립이 작동합니다.

💡 플립 출구 쪽에는
직진 타일이 가장 좋아요.

💡 높이가 기둥 타일 4.5개
이상 차이나면 안 돼요.

일이란 물체에 힘을 가하여 전달되는 에너지를 말합니다. 즉, 에너지란 일을 할 수 있는 능력입니다.

그래비트랙스의 경우, 플립을 돌려 고정시키면 탄성 에너지가 스프링에 전달되어 팽팽한 상태로 저장됩니다. 이는 나중에, 주로 플립의 고정이 풀릴 때를 위해 에너지를 축적합니다.

액션 스톤이 지나가며 플립의 고정을 풀면, 탄성 에너지가 위치 에너지와 운동 에너지로 전환됩니다. 바로 이런 이유로 플립에서 액션 스톤의 위치와 높이가 바뀌는 것입니다. 플립 입구가 액션 스톤을 담아서 들어올린 다음, 한 층 높은 곳에 있는 타일로 보냅니다.

2022 개정 교육과정 연계
(1) 힘과 우리 생활
[4과01-01] 일상생활에서 힘과 관련된 현상에 흥미를 갖고 물체를 밀거나 당길 때 나타나는 현상을 관찰할 수 있다.

2015 개정 교육과정 연계
(9) 물체의 무게
[4과09-03] 용수철에 매단 물체의 무게와 용수철의 늘어난 길이의 관계를 조사하고 물체의 무게를 재는 원리를 설명할 수 있다.

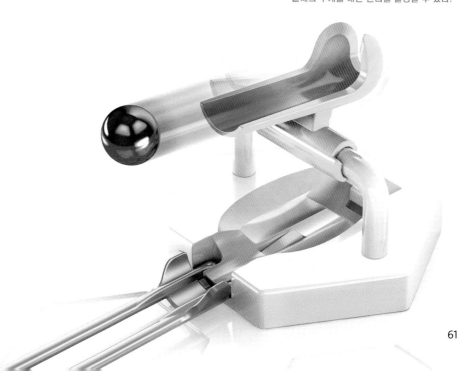

트랙 11 T-플립

이번 트랙에서는 기본 플레이트가 뒤집힌 T자 모양으로 배치되어 있습니다. 빨간색 액션 스톤이 중간에서 출발하기를 기다리고 있군요. 그 신호탄이 될 액션 스톤이 어떤 것인지 예측해 볼 수 있나요?

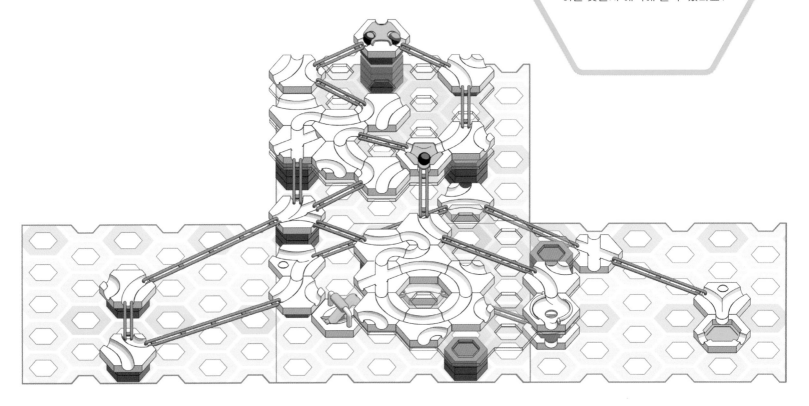

준비물:
코어 스타터 + 플립

특징:
T자 모양으로 배치된 기본 플레이트

부품 수:
97

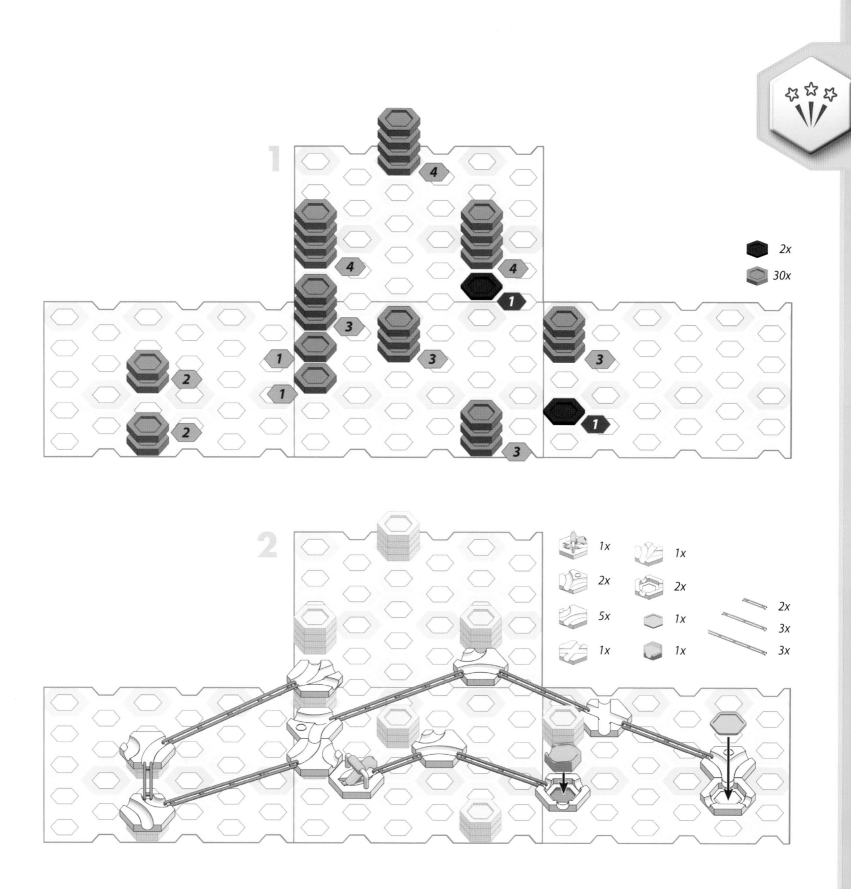

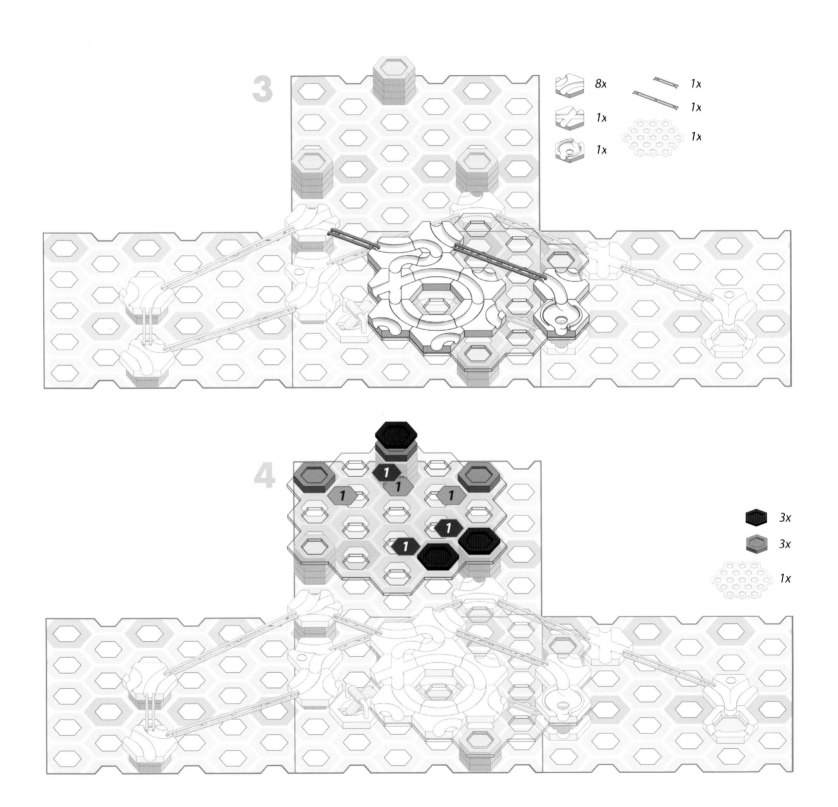

3

8x

1x

1x

1x

1x

1x

4

3x

3x

1x

1
1
1
1
1
1

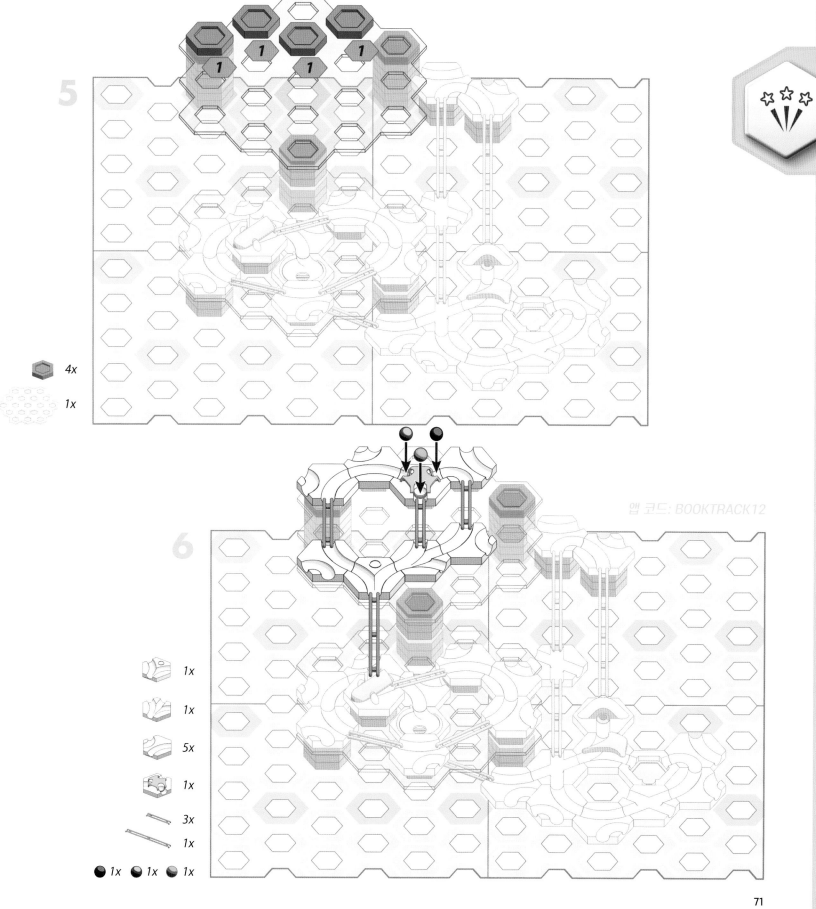

5

4x
1x

6

앱 코드: BOOKTRACK12

1x
1x
5x
1x
3x
1x

● 1x ◐ 1x ○ 1x

레이싱

이 챕터에서는 질주하는 액션 스톤의 모습을 볼 수 있습니다. '오래 달리기' 트랙에서는, 주어진 액션 스톤이 굴러가는 시간을 최대한 활용해야 합니다. 즉, 가능한 한 오래 굴러가는 트랙을 만들어 보세요.

또한 '경주용 트랙'에서는, 주어진 액션 스톤이 다른 것보다 더 빠르게 굴러가는 트랙을 만들어야 합니다. 각각 3가지 난이도에 따라 설계해 보세요.

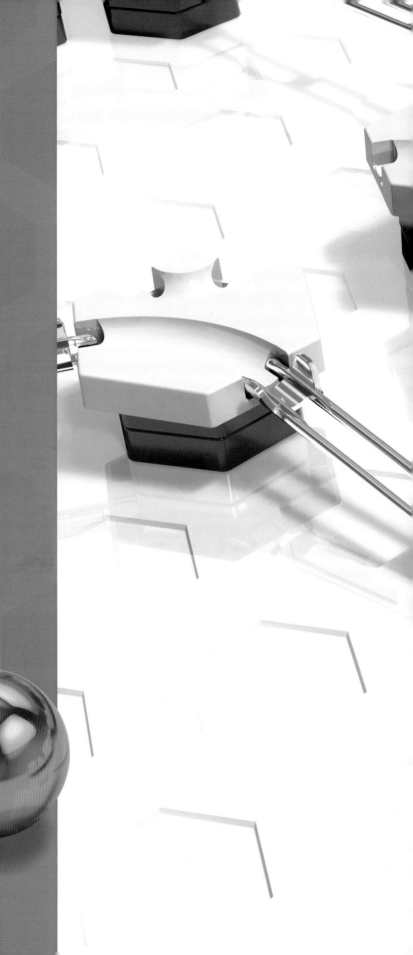

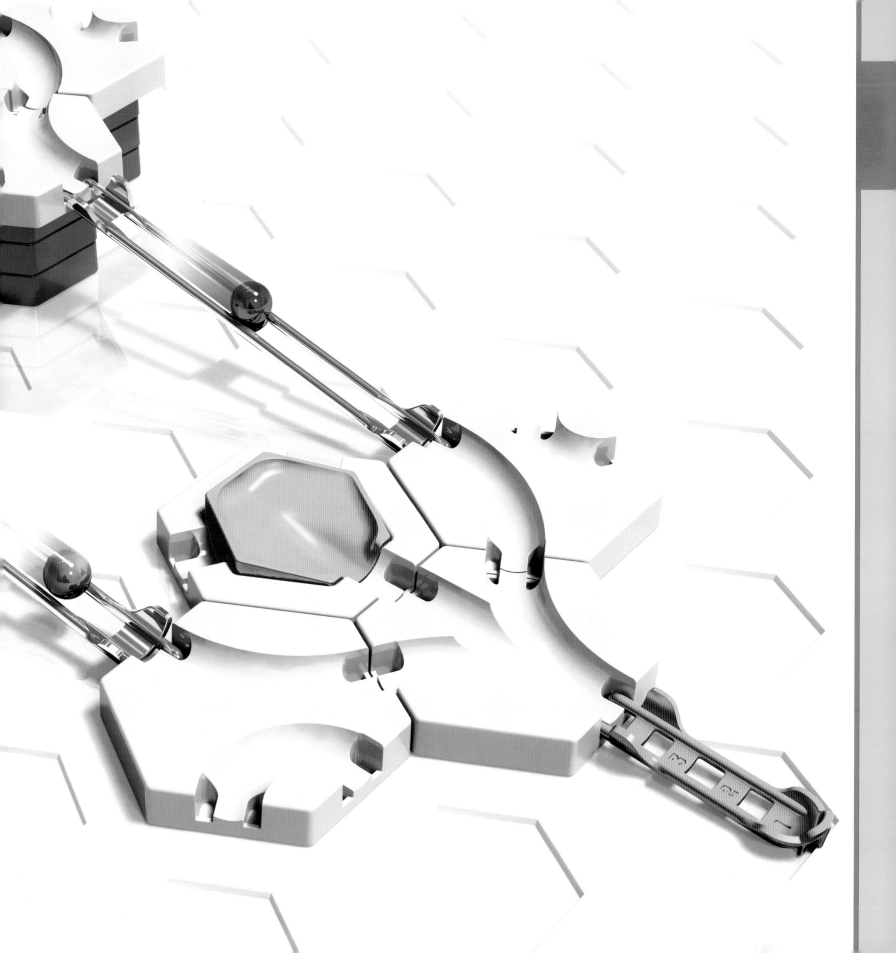

트랙 13 오래 달리기 1

트랙을 완성하면, 액션 스톤이 굴러가는
동안 시작점부터 도착점까지 걸리는
시간을 측정해 보세요.
부품을 그대로 사용하면서도 설계 방식을
바꾸어서 액션 스톤이 더 오래 굴러갈 수
있게 만들어 볼까요?

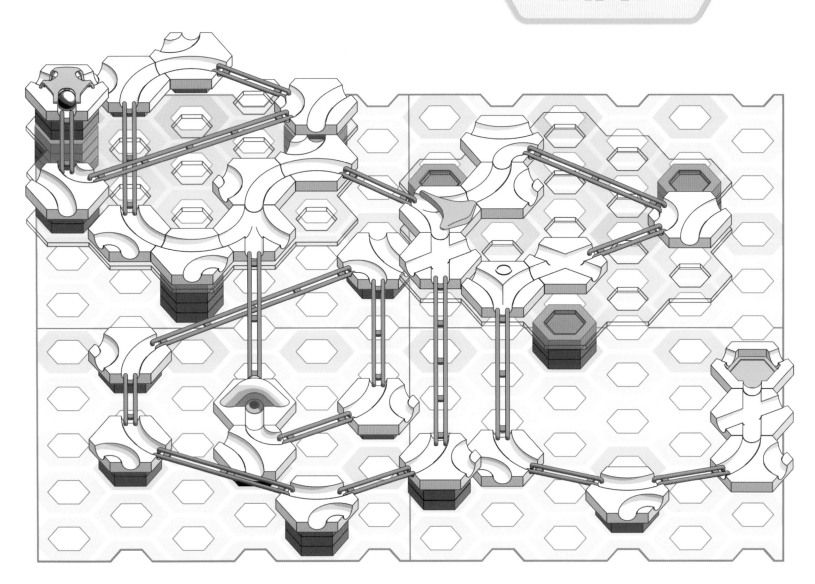

준비물:
코어 스타터

특징:
시간 기록

부품 수:
106

1

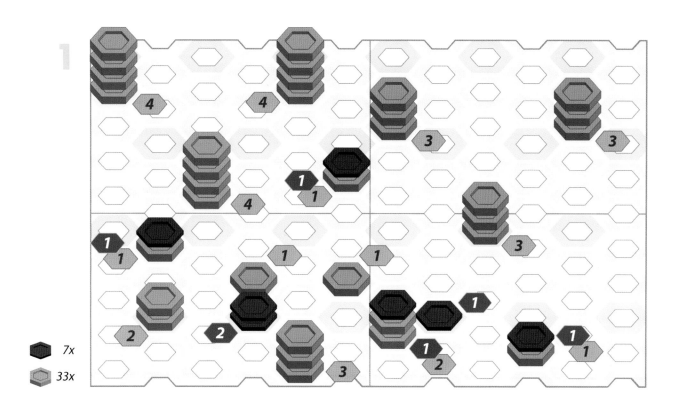

7x
33x

2

10x
1x
1x
1x
1x
5x
2x
1x
2x

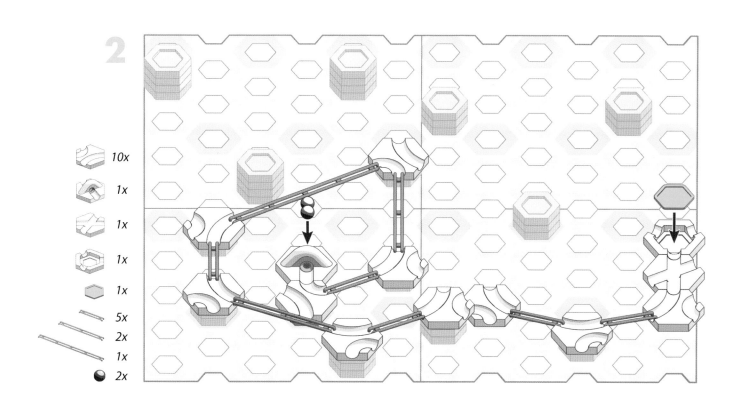

3

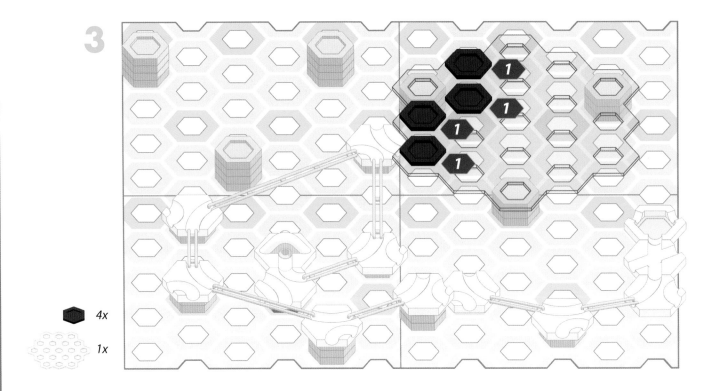

4x

1x

4

3x

1x

1x

2x

1x

2x

1x

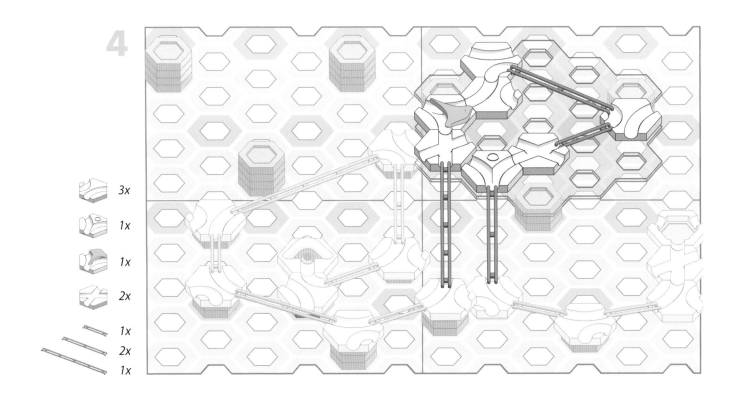

5

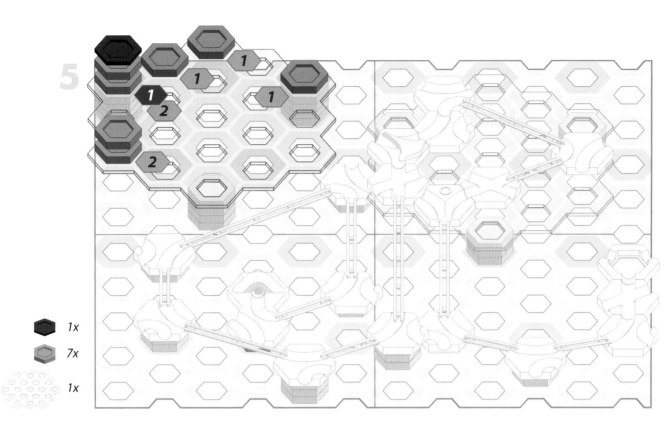

1x
7x
1x

6

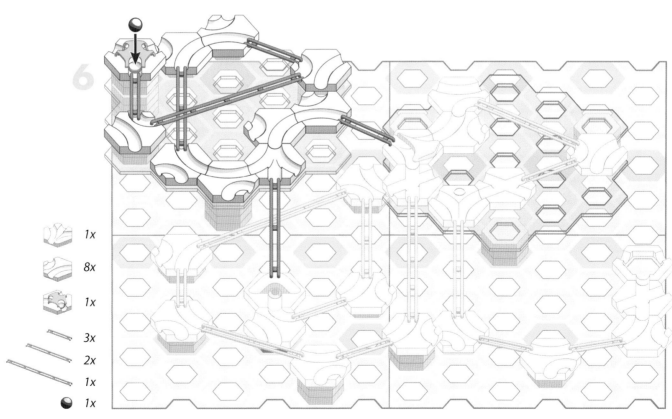

1x
8x
1x
3x
2x
1x
1x

앱 코드: *BOOKTRACK13*

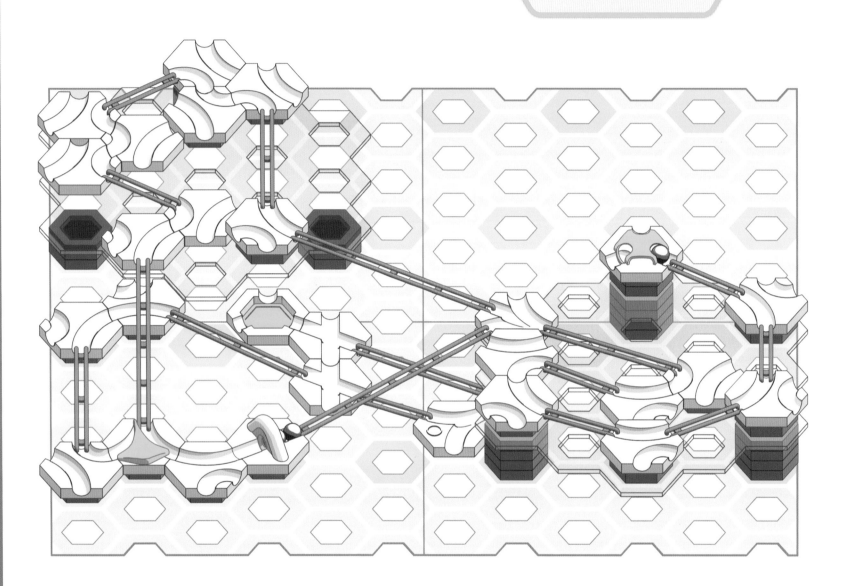

트랙을 완성하면, 액션 스톤이 굴러가는
동안 시작점부터 도착점까지 걸리는
시간을 측정해 보세요.
부품을 그대로 사용하면서도 설계 방식을
바꾸어서 액션 스톤이 더 오래 굴러갈 수
있게 만들어 볼까요?

트랙 14 오래 달리기 2

준비물:
코어 스타터

특징:
시간 기록

부품 수:
100

1

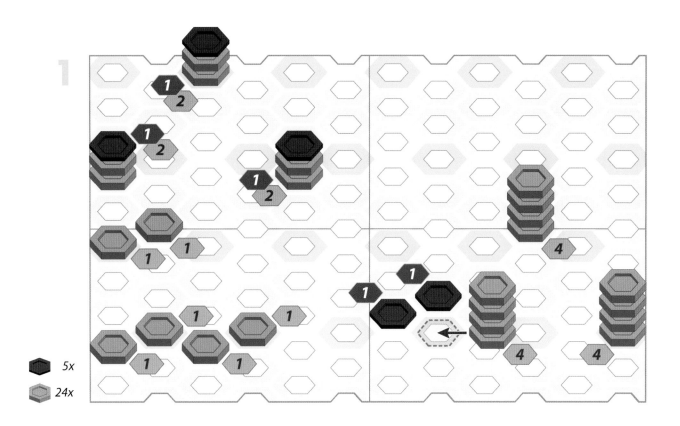

5x
24x

2

1x
5x
1x
2x
1x
1x
1x
1x
3x
2x

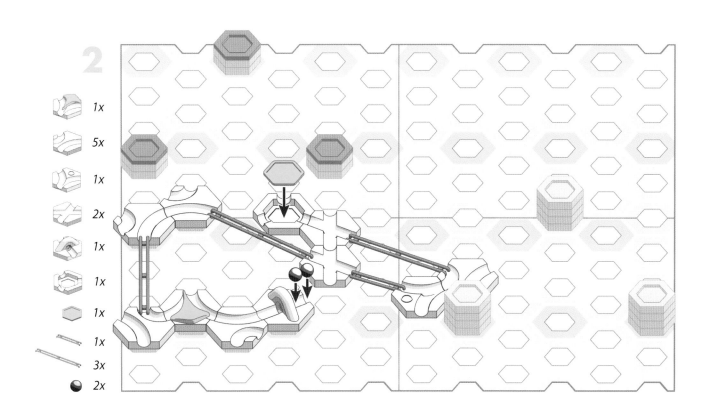

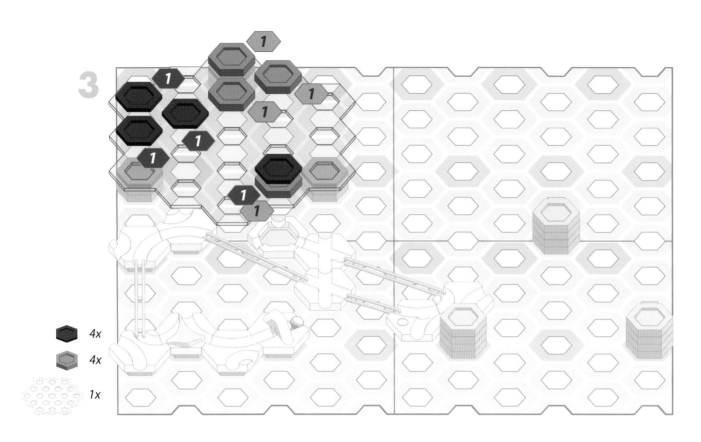

3

4x
4x
1x

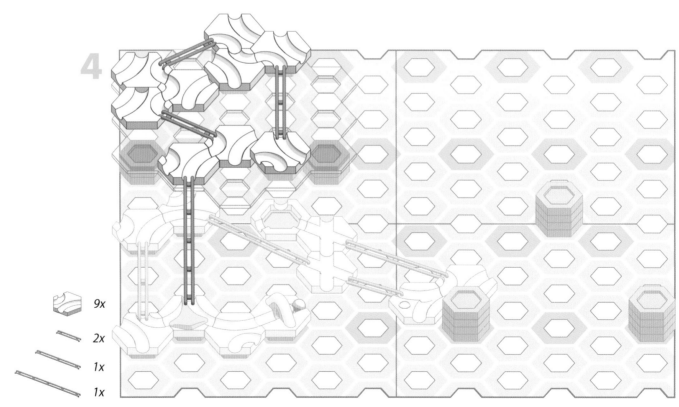

4

9x
2x
1x
1x

5

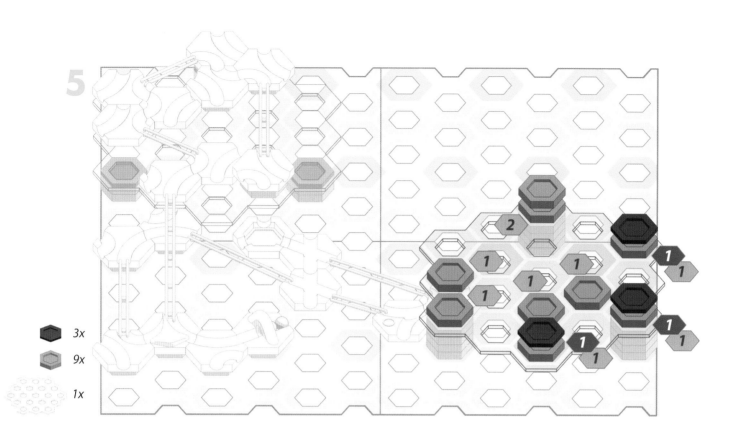

- ⬢ 3x
- ⬡ 9x
- ⬡ 1x

6

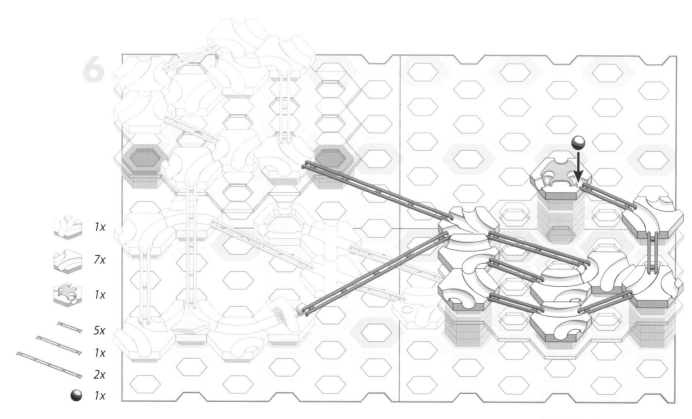

- 1x
- 7x
- 1x
- 5x
- 1x
- 2x
- ● 1x

앱 코드: *BOOKTRACK14*

트랙을 완성하면, 액션 스톤이 굴러가는
동안 시작점부터 도착점까지 걸리는
시간을 측정해 보세요.
부품을 그대로 사용하면서도 설계 방식을
바꾸어서 액션 스톤이 더 오래 굴러갈 수
있게 만들어 볼까요?

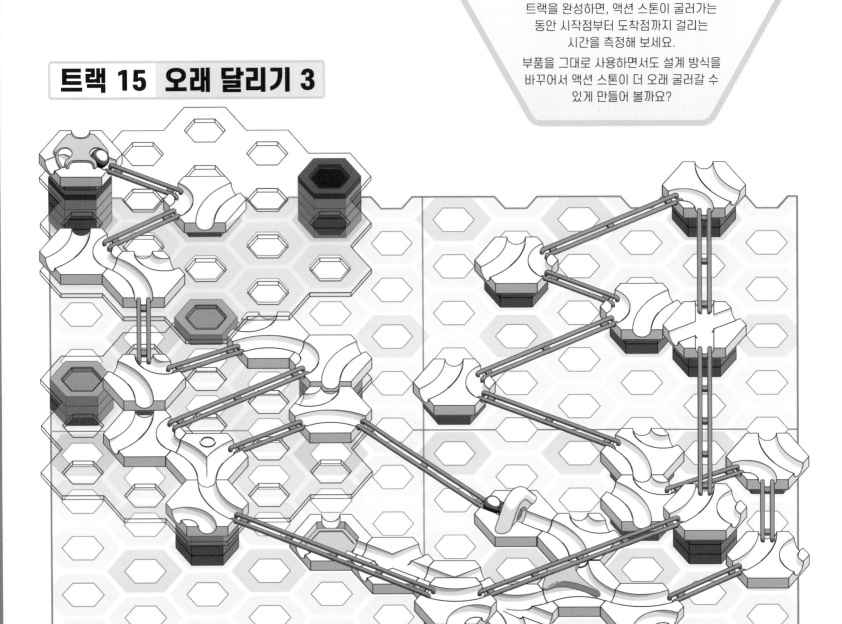

준비물:
코어 스타터

특징:
시간 기록

부품 수:
105

1

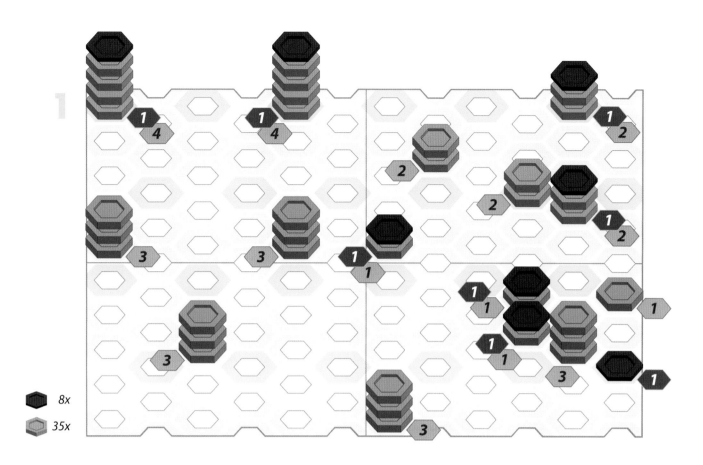

■ 8x
◆ 35x

2

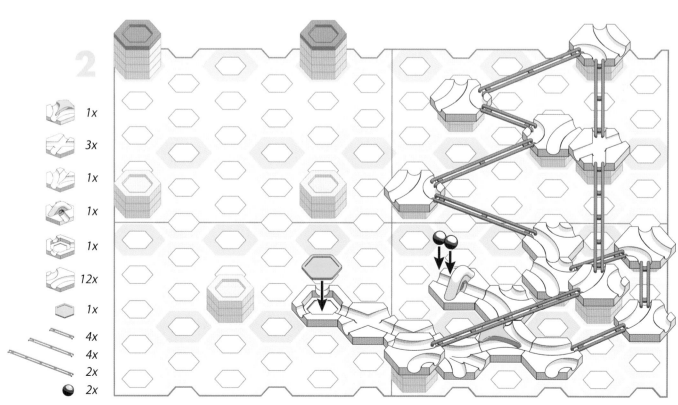

◗ 1x
◗ 3x
◗ 1x
◗ 1x
◗ 1x
◗ 12x
◗ 1x
▬ 4x
▬ 4x
▬ 2x
● 2x

3

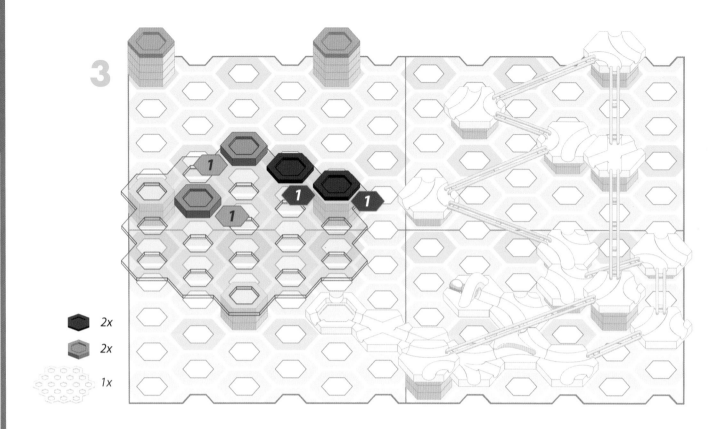

1
1
1
1

2x

2x

1x

4

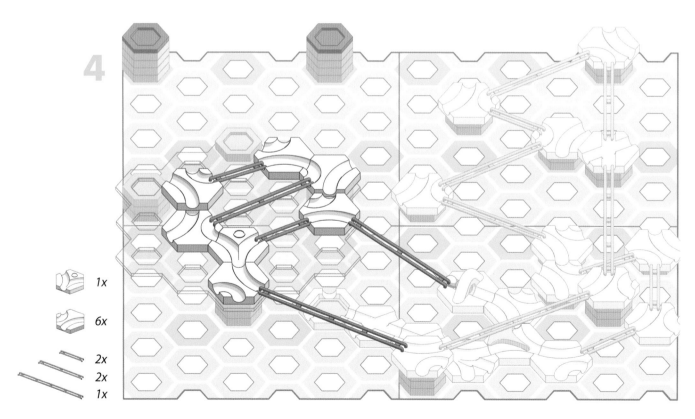

1x

6x

2x
2x
1x

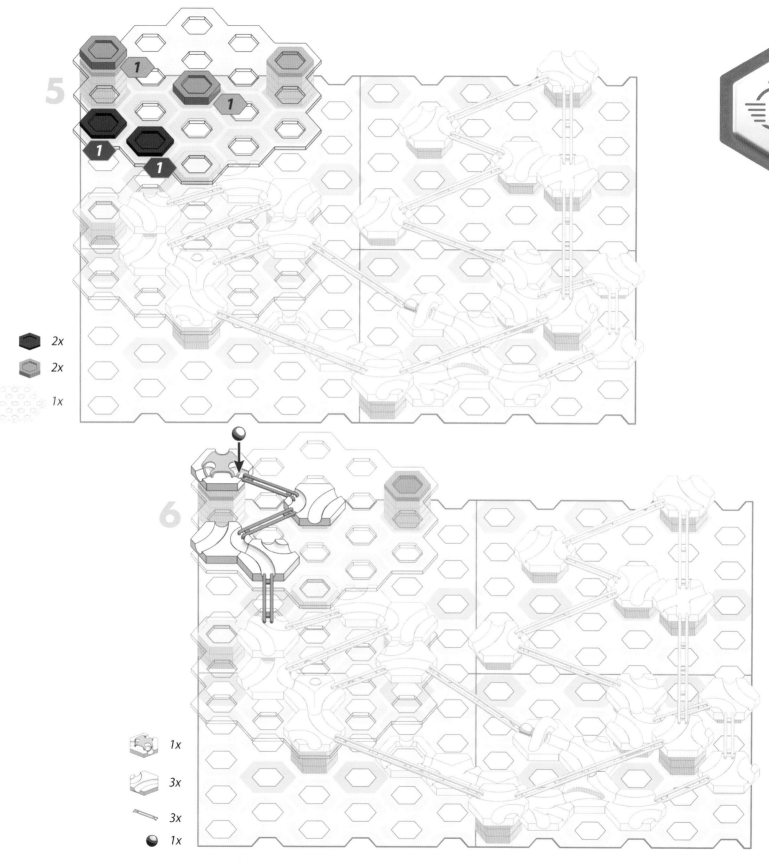

5
2x
2x
1x

6
1x
3x
3x
1x

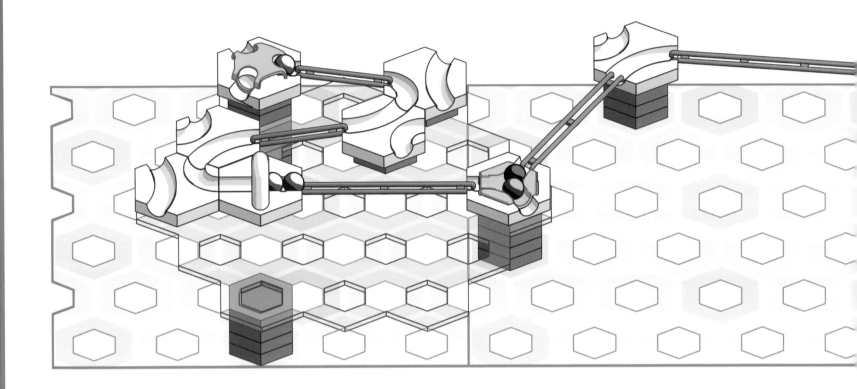

준비물:
코어 스타터

특징:
빨간색 액션 스톤보다 빠르게

부품 수:
60 (해답 제외)

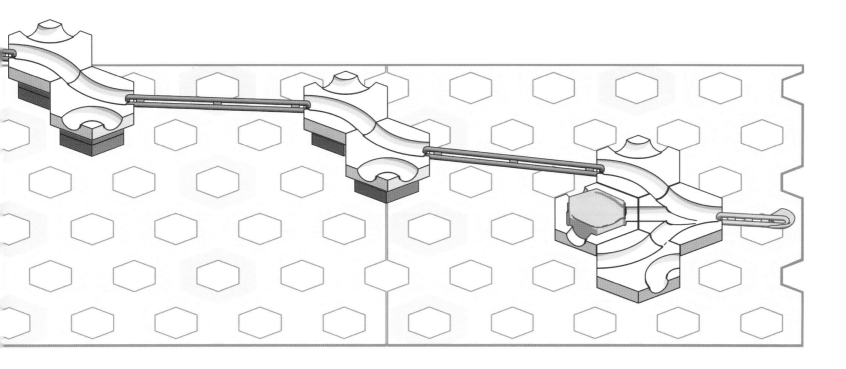

이 트랙은 미완성된 모습입니다. 빨간색 액션 스톤이 지나가는 길만 나타나 있네요. 파란색 액션 스톤이 지나가는 트랙까지 완성해서, 빨간색 액션 스톤보다 먼저 도착하게끔 만들어 보세요!

세 단계의 난이도가 있어요!
1) 교차로 타일을 2개까지 써도 됩니다.
2) 교차로 타일을 1개까지만 쓸 수 있습니다.
3) 교차로 타일을 쓸 수 없습니다.

참고:
90쪽에는 각 단계별 해답이 있습니다. 하지만 해답을 보기 전에, 먼저 여러분만의 더 멋진 해답을 직접 찾아 보는 건 어떨까요?

1

3x *21x*

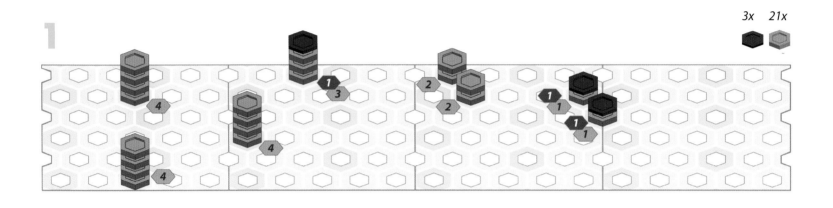

2

2x
1x

1x *7x* *1x* *1x* *1x*

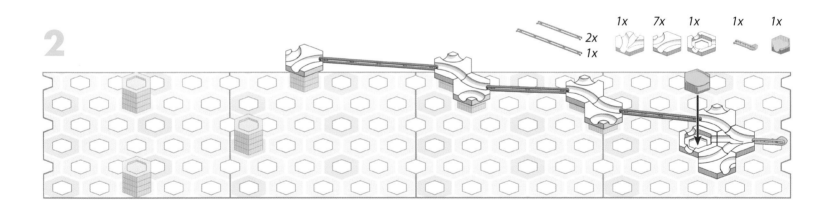

88

3

4x   1x

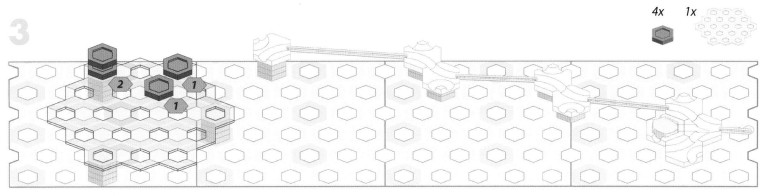

4

3x

1x   1x   2x   1x   4x   1x   1x   1x
      2x

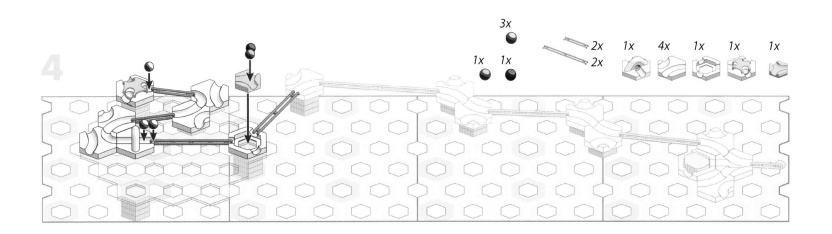

1단계

2x
3x
2x
6x
2x

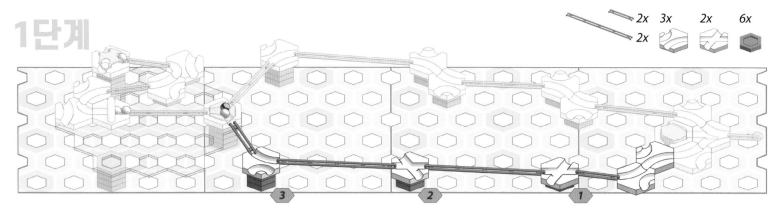

3
2
1

앱 코드: *BOOKTRACK16LOESUNG1*

2단계

1x
3x
1x
1x
5x
1x
2x

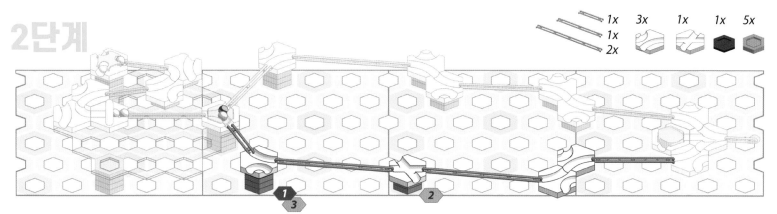

1
3
2

앱 코드: *BOOKTRACK16LOESUNG2*

3단계

1x
5x
3x
6x
2x

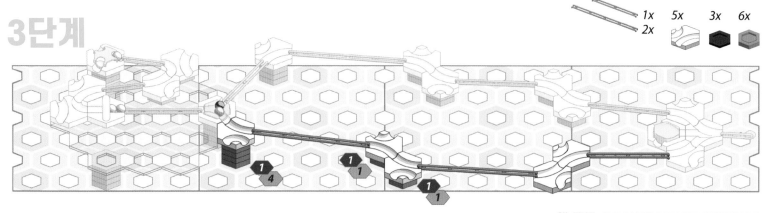

1
4
1
1
1
1

앱 코드: *BOOKTRACK16LOESUNG3*

트랙 17 경주용 트랙 2

이 트랙은 미완성된 모습입니다. 초록색 액션 스톤이 지나가는 길만 나타나 있네요. 빨간색 액션 스톤이 지나가는 트랙까지 완성해서, 초록색 액션 스톤보다 먼저 도착하게끔 만들어 보세요!

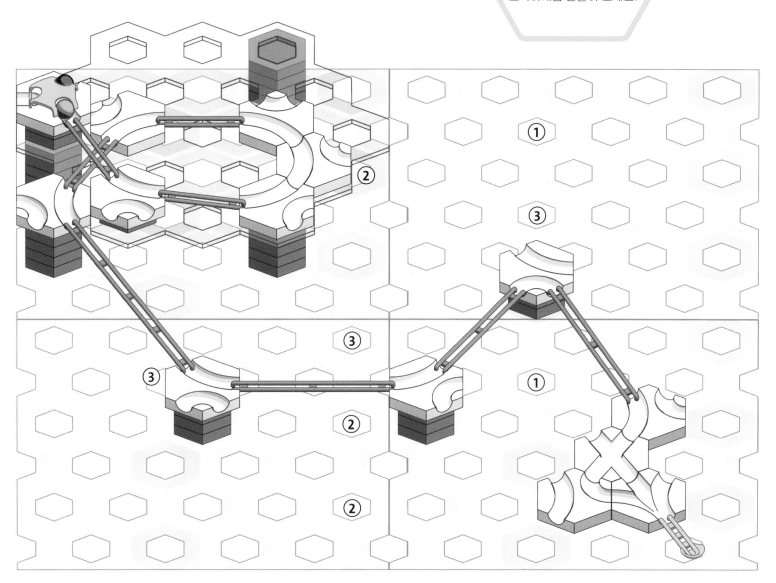

준비물:
코어 스타터

특징:
초록색 액션 스톤보다 빠르게

부품 수:
54 (해답 제외)

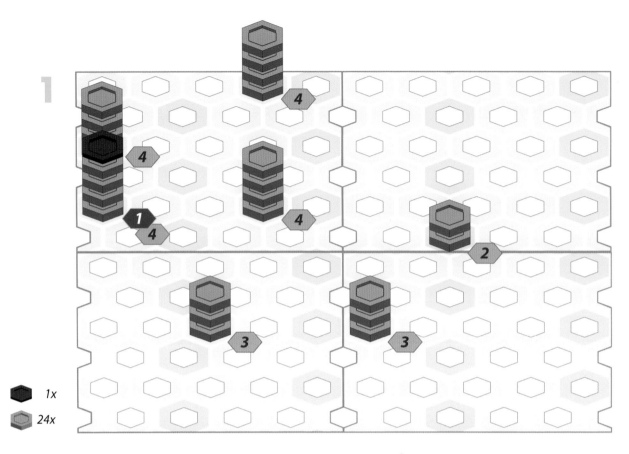

1

1x

24x

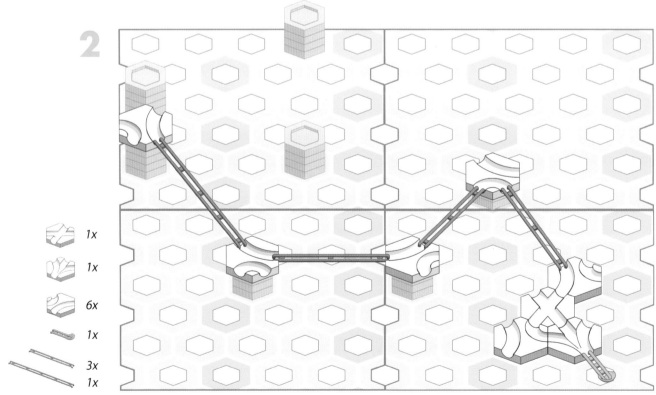

2

1x

1x

6x

1x

3x

1x

92

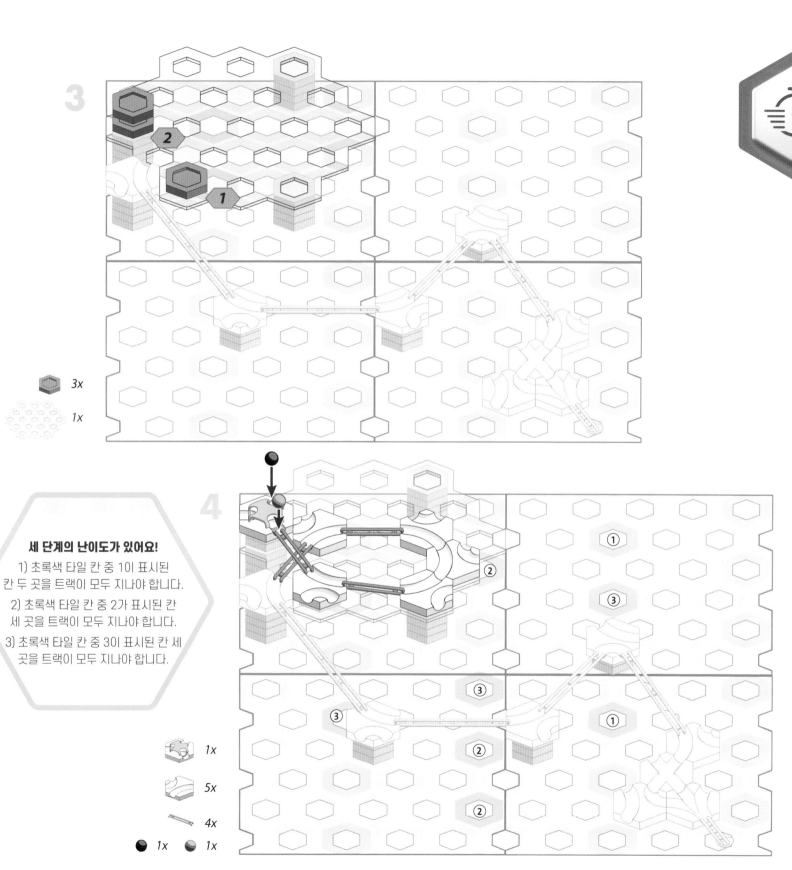

3

3x

1x

세 단계의 난이도가 있어요!

1) 초록색 타일 칸 중 1이 표시된 칸 두 곳을 트랙이 모두 지나야 합니다.

2) 초록색 타일 칸 중 2가 표시된 칸 세 곳을 트랙이 모두 지나야 합니다.

3) 초록색 타일 칸 중 3이 표시된 칸 세 곳을 트랙이 모두 지나야 합니다.

4

1x

5x

4x

1x   1x

참고: 94~95쪽에는 각 단계별 해답이 있습니다. 하지만 해답을 보기 전에, 먼저 여러분만의 더 멋진 해답을 직접 찾아 보는 건 어떨까요?

1단계

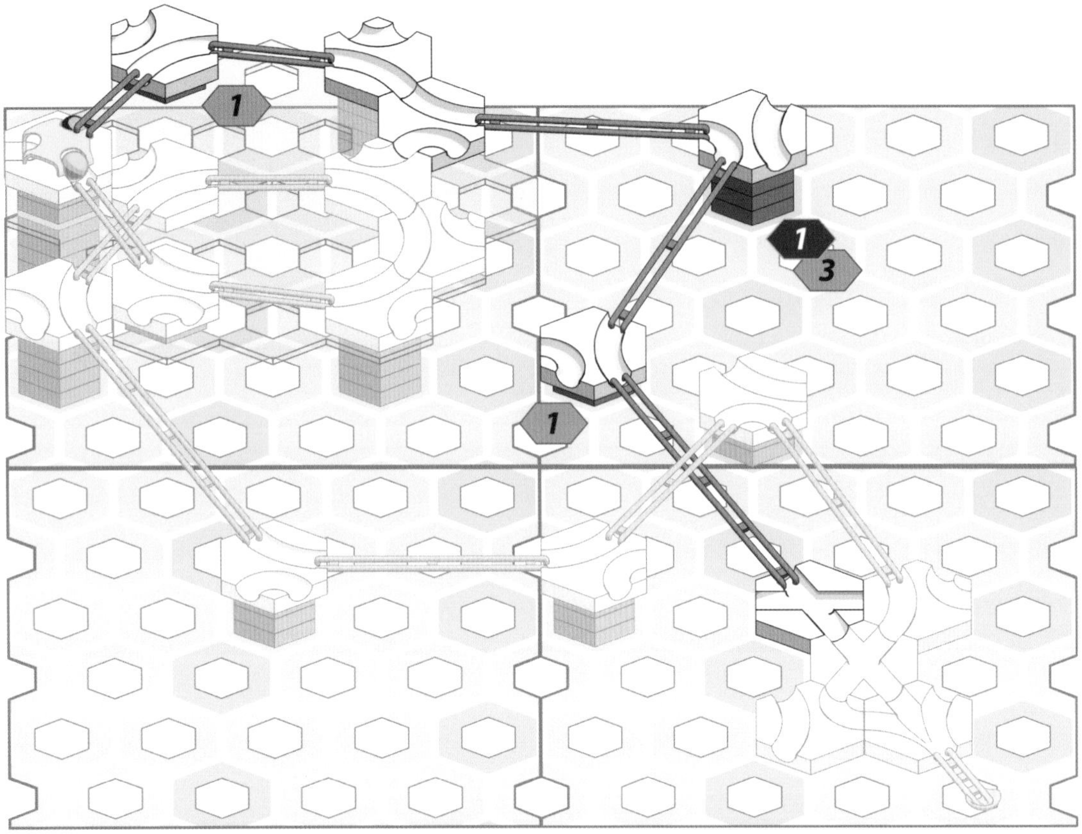

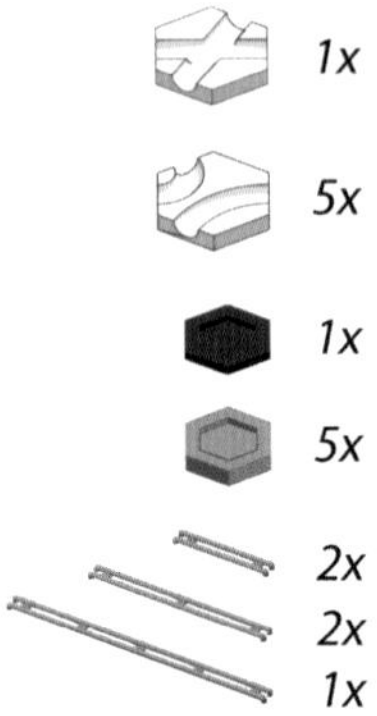

2단계

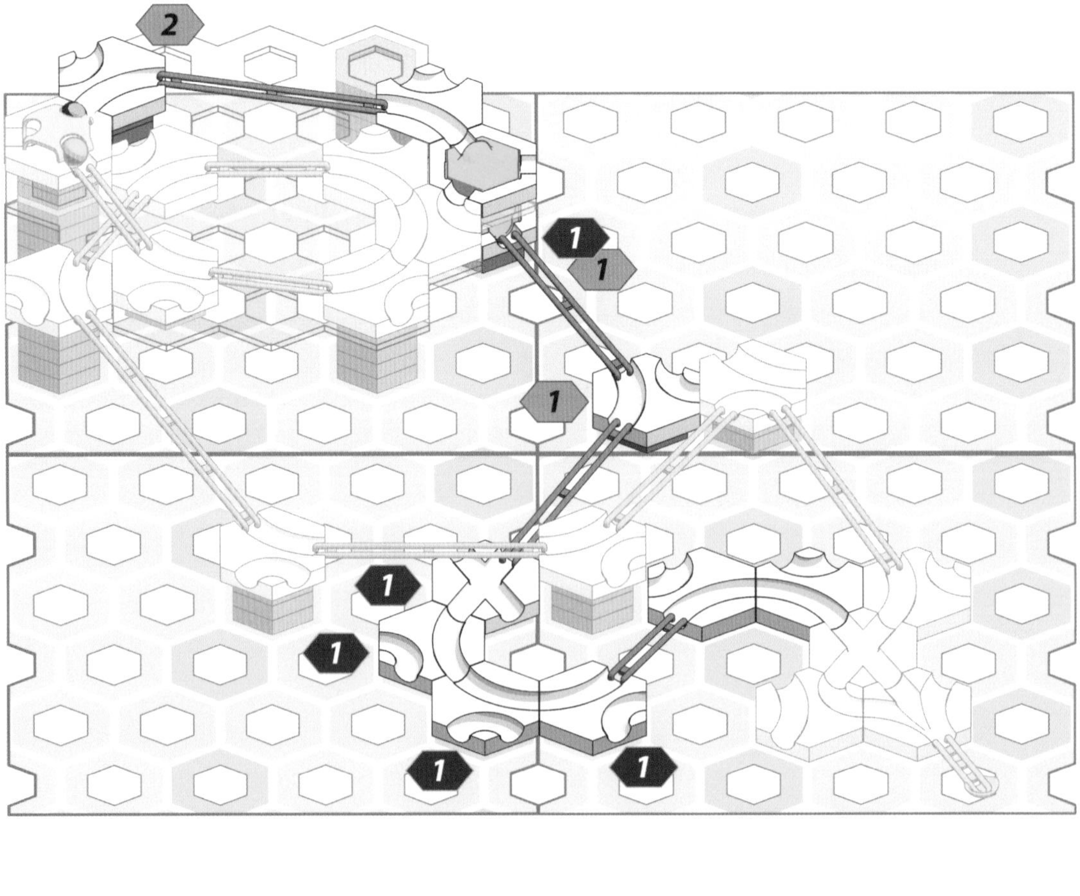

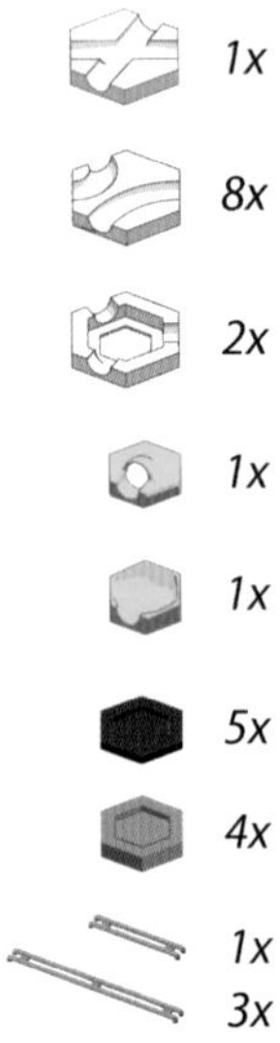

3단계

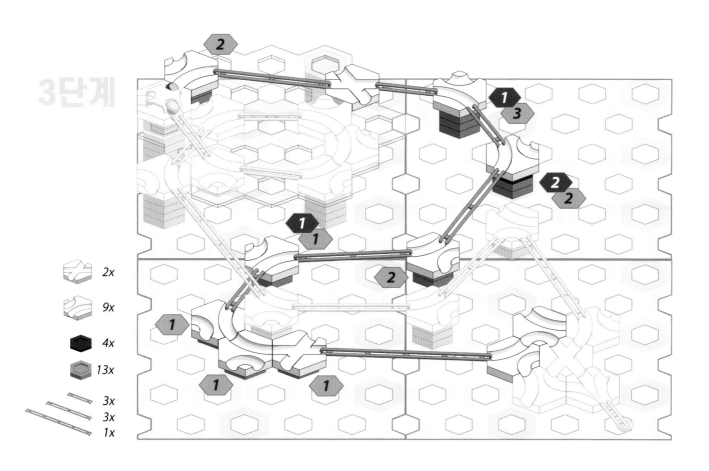

	2x
	9x
	4x
	13x
	3x
	3x
	1x

시간 기록지

레이싱 챕터에 나오는 트랙을 작동시켜 보면서 경과 시간을 기록해 보세요!

	트랙 완주 시간	1단계 트랙	2단계 트랙	3단계 트랙
트랙 13				
트랙 14				
트랙 15				

	트랙 완주 시간	1단계 트랙	2단계 트랙	3단계 트랙
트랙 16				
트랙 17				

챌린지

이 챕터에서는 여러분이 도전해볼 만한 트랙이 과제로 주어집니다. 사용해야 하는 부품이 정해질 수도 있고, 트랙을 만들 공간이 제한적일 수도 있습니다. 혹은 두 가지 조건 모두 도전해볼 수도 있겠군요!

트랙 18 작은 고추가 맵다

챌린지: 이 트랙은 코어 스타터 1개에 들어 있는 흰색 타일을 모두 사용해야 만들 수 있습니다. 기본 플레이트는 2개만 사용됩니다. 다른 방법으로 이 과제를 해결할 수 있나요?

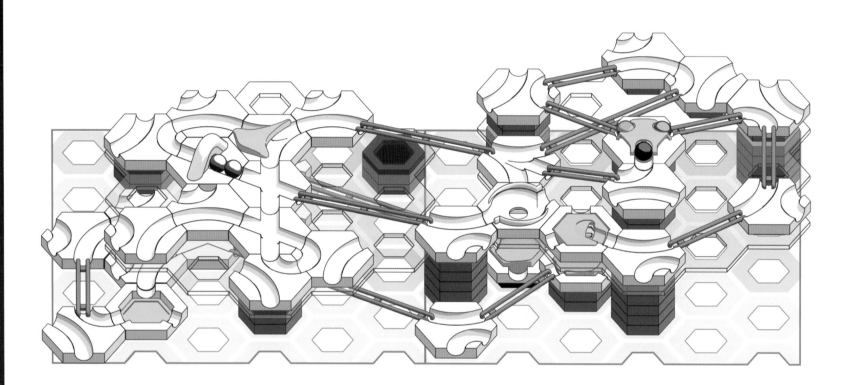

준비물:
코어 스타터

특징:
흰색 타일 모두 사용하기

부품 수:
104

100

1

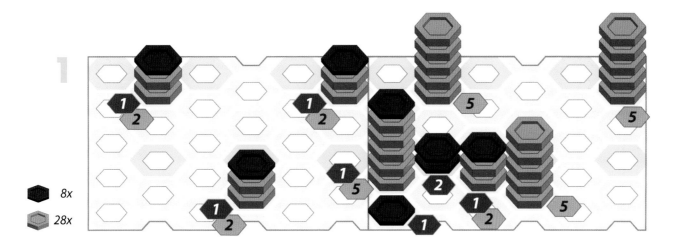

- ● 8x
- ⬡ 28x

2

- 7x
- 1x
- 3x
- 2x
- 2x
- 1x
- 1x
- 2x

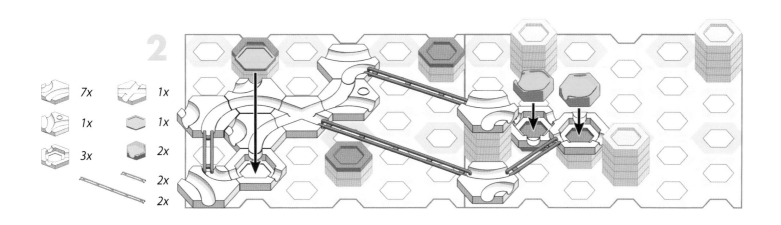

3

- 7x
- 1x
- 1x
- 1x
- 2x
- 2x

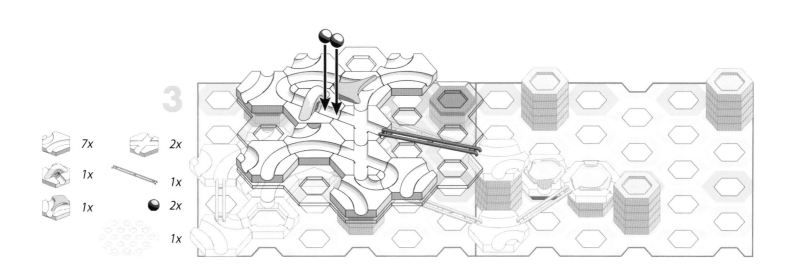

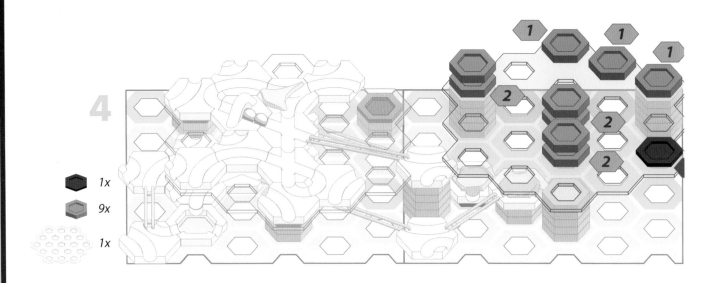

4

1x

9x

1x

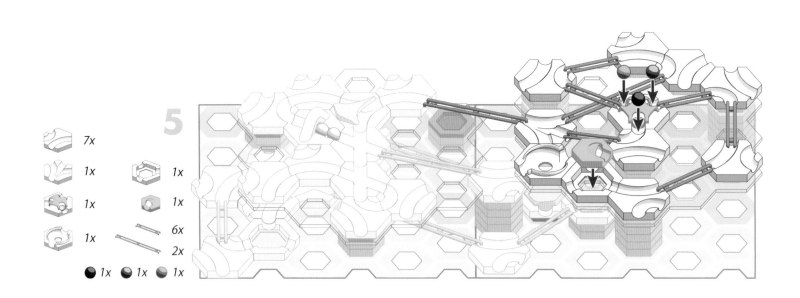

5

7x

1x   1x

1x   1x

1x   6x

2x

1x   1x   1x

트랙 19 복잡한 기찻길

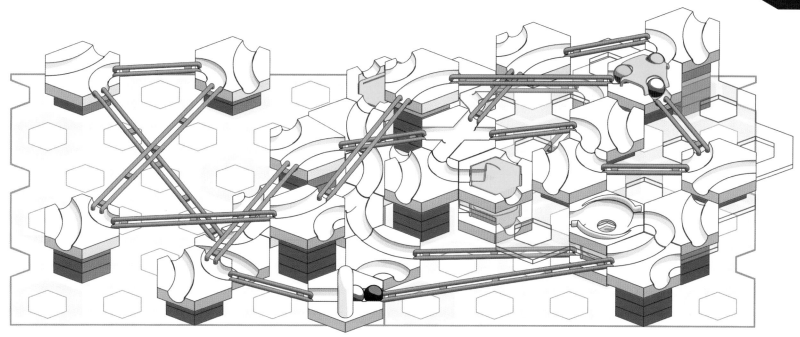

준비물:
코어 스타터

특징:
트랙(대/중/소) 모두 사용하기

부품 수:
106

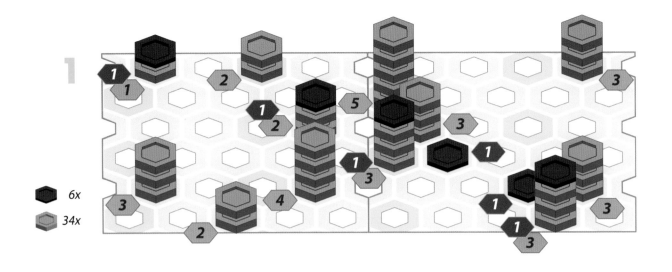

1

6x
34x

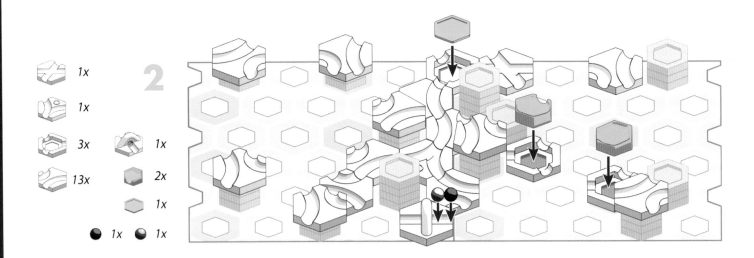

2

1x
1x
3x   1x
13x   2x
      1x
● 1x ○ 1x

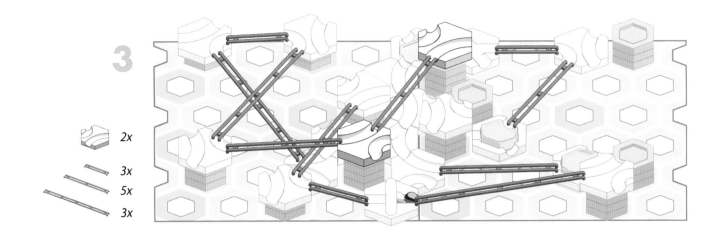

3

2x
3x
5x
3x

4

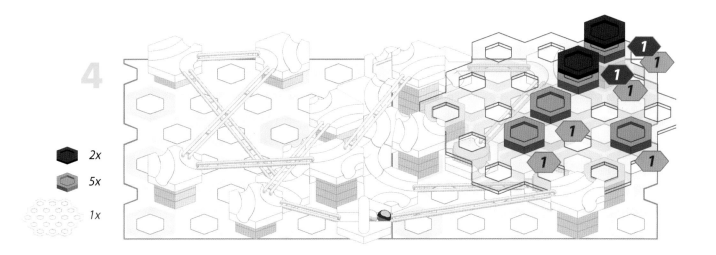

2x
5x
1x

5

1x
1x   1x
1x   1x
6x   6x
      1x
1x   1x   1x

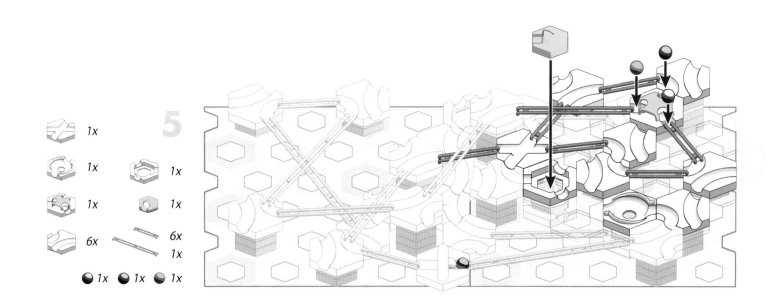

트랙 20 굽이굽이 왕국

챌린지: 이 트랙은 코어 스타터 2개에 들어 있는 흰색 타일을 모두 사용해야 만들 수 있습니다. 기본 플레이트는 4개만 사용됩니다. 다른 방법으로 이 과제를 해결할 수 있나요?

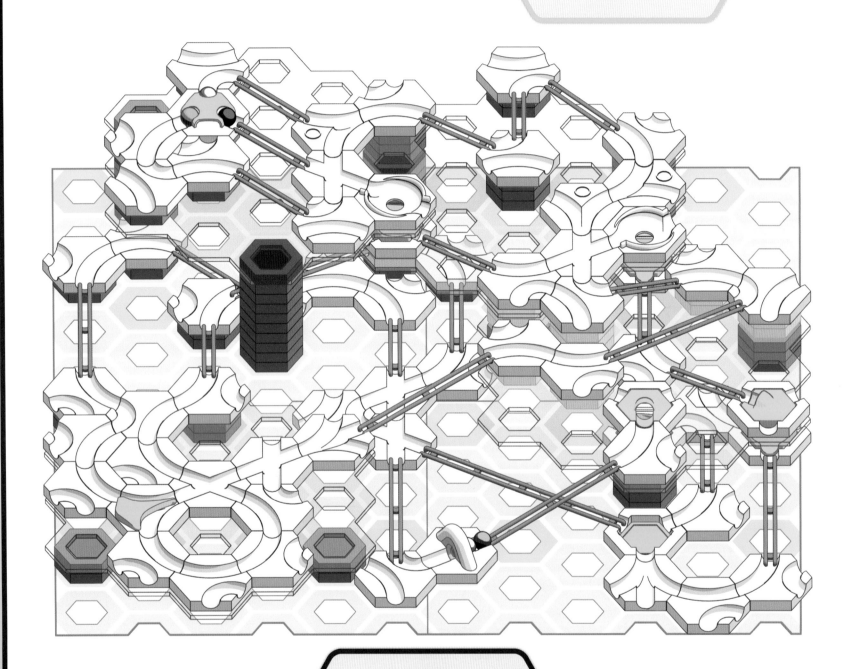

준비물:
코어 스타터 x2

특징:
흰색 타일 모두 사용하기

부품 수:
205

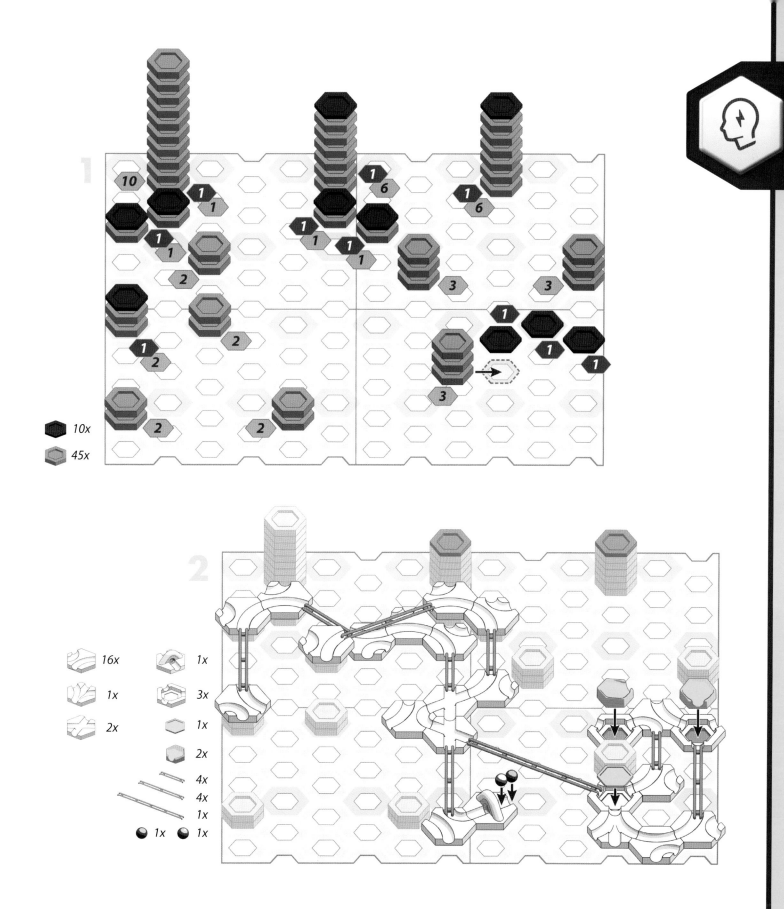

10x

45x

16x

1x

2x

4x

4x

1x

1x   1x

1x

3x

1x

2x

3

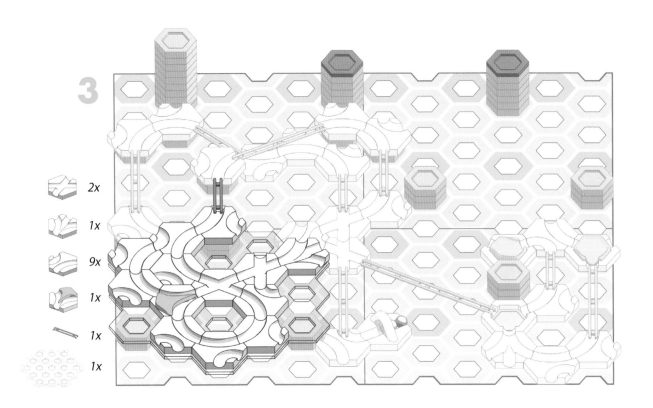

2x
1x
9x
1x
1x
1x

4

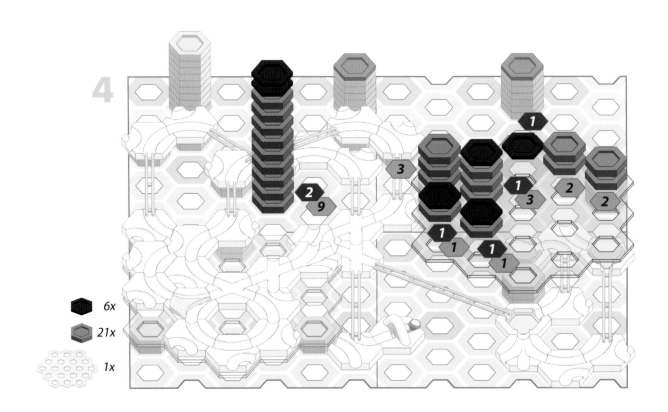

6x
21x
1x

5

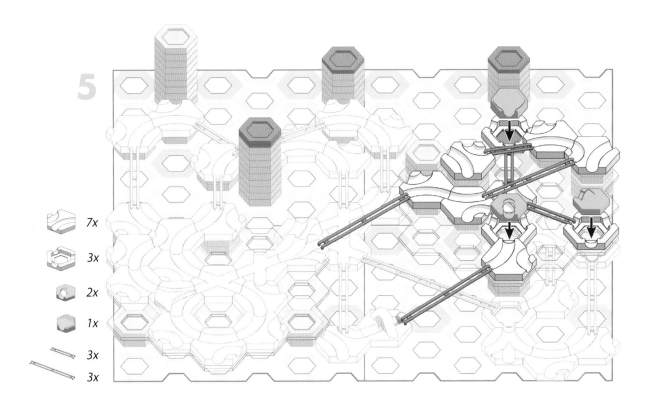

7x
3x
2x
1x
3x
3x

6

2
3
3
1

1x
8x
1x

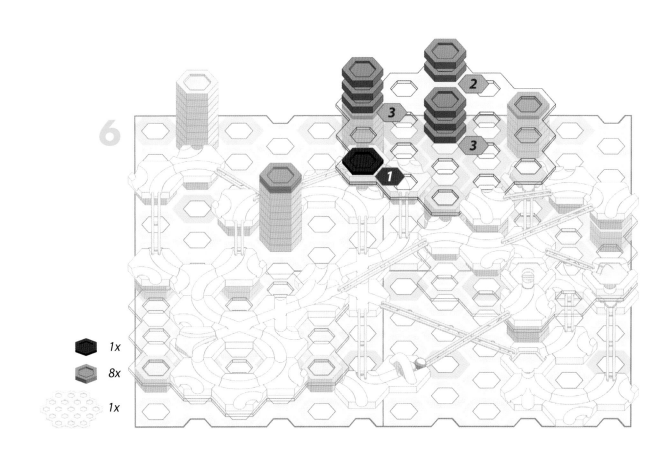

7

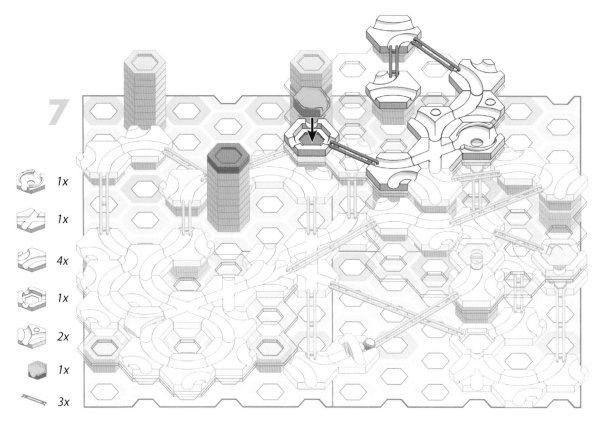

1x
1x
4x
1x
2x
1x
3x

8

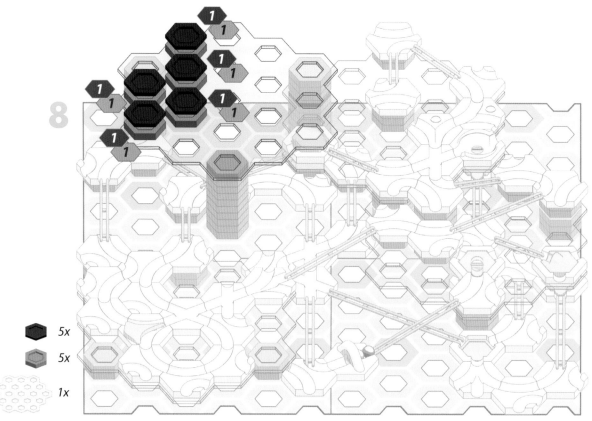

5x
5x
1x

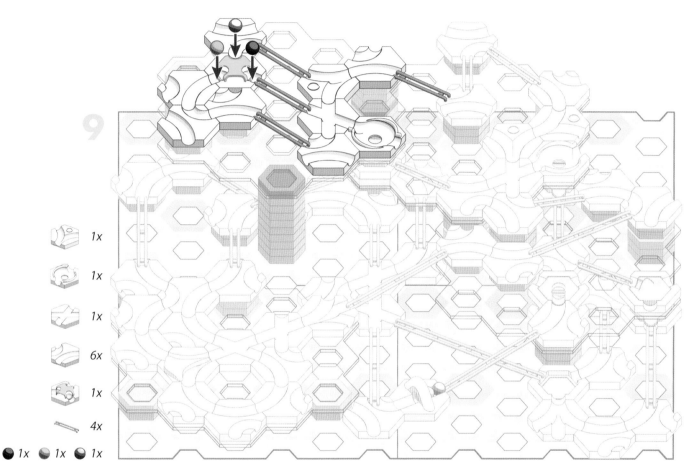

참고: 출발점, 도착점, 마그네틱 캐넌은 각 1개씩만 사용되고 나머지 1개씩은 남을 거예요.

용어 해설

가속도 38, 44, 45
시간에 따른 물체의 운동 상태의 변화율을 가속도라고 합니다. 속력이 증가하거나(빨라짐), 감소하거나(느려짐 혹은 감속), 방향이 바뀌는 것을 모두 포함합니다.

관성 39
관성이란, 물체가 현재의 운동 상태를 지속하려 하는 성질이자 운동 상태가 바뀌지 않게 저항하는 성질입니다. 이 경우 물체에 작용하는 외력만이 운동 상태를 바뀌게 합니다. 운동 상태가 바뀌면 물체는 가속 또는 감속하며, 운동 방향이 바뀌기도 합니다.

마찰 45
마찰에 의해서 물체의 운동 에너지가 열에너지로 전환되며, 그 결과 물체의 온도가 상승합니다. 이를 일컬어 에너지가 손실되었다고도 합니다. 마찰이 없으면 물체는 끝없이 운동할 것입니다. 물체끼리 부딪히거나, 미끄러지거나, 구를 때 마찰이 일어납니다. 물체의 표면 상태에 따라, 마찰력은 물체가 천천히 운동하게 하거나 때로는 심지어 운동을 하지 못하게 하기도 합니다.

변형
물체에 외력이 가해지면 형태가 달라지는데 이것을 변형이라고 부릅니다. 물체의 변형은 탄성 변형과 소성 변형이라는 양상으로 일어날 수 있습니다.

탄성 변형 60
물체가 변형된 후에 원래 모양대로 스스로 다시 돌아가는 것을 탄성 변형이라고 합니다.

소성 변형 60
물체가 변형된 후에 원래 모양대로 스스로 다시 돌아가지 않는 것을 소성 변형이라고 합니다. 이 경우 외력을 제거해도 물체가 영구적으로 변형됩니다.

에너지 44
에너지는 물체가 지니고 있는 물리적 속성입니다. 물체는 에너지를 통해 일을 할 수 있습니다. 에너지는 매우 다양한 형태로 존재하는데, 형태마다 서로 다른 방식으로 작용하며 이를 활용할 수 있는 방법도 제각각입니다.

운동 에너지 55
운동하고 있는 물체는 운동 에너지라고 하는 에너지를 갖고 있습니다. 물체의 속력과 질량이 클수록, 그 물체는 큰 운동 에너지를 가집니다.

에너지 보존의 법칙 44
에너지가 보존된다는 것은 에너지가 사라지거나 생성되지 않는다는 의미입니다. 에너지는 그저 다른 형태로 전환되거나 다른 물체로 옮겨갈 뿐입니다.

위치 에너지 44, 55
모든 물체는 잠재적인 에너지를 갖는데, 이 에너지는 물체의 위치(높이)에 기반하고 있어서 위치 에너지라고 부릅니다. 위치 에너지는 물체의 질량, 중력 가속도, 높이에 따라 달라집니다. 물체가 높은 곳에 있고 그 질량이 클수록, 그 물체는 큰 위치 에너지를 가집니다.

탄성 에너지 60
신축성이 있으며 팽팽하게 늘어난 물체에는 탄성 에너지가 저장되어 있습니다. 물체를 길게 늘일수록, 그리고 물체가 팽팽할수록 그 물체는 큰 탄성 에너지를 가집니다.

열에너지 45
물체에 열이 공급되면, 그 물체의 온도가 올라갑니다. 이로 인해 증가하는 물체의 내부 에너지를 열에너지라고 합니다. 열에너지를 다른 형태의 에너지로 전환시키는 것은 매우 어렵지만, 물체 간에 열의 형태로 에너지를 전달할 수 있습니다.

운동량 21, 55
질량을 갖는 물체가 운동하고 있을 때, 그 속도와 질량의 곱을 운동량이라고 합니다. 따라서 물체가 무겁고 빠를수록 운동량은 커집니다. 운동하는 물체가 다른 물체와 충돌하면, 충돌량만큼의 운동량이 전달됩니다. 운동량의 변화량을 충돌량이라고 일컫습니다.

운동량 보존의 법칙 21
물체가 서로 충돌할 때 이상적인 환경에서 전체 운동량의 총합은 일정하게 보존된다는 것이 운동량 보존의 법칙입니다. 마찰을 고려하지 않고 외력이 작용하지 않을 때, 충돌 전 운동량의 총합과 충돌 후 운동량의 총합은 일정하게 유지됩니다.

일 60, 61
일이란 힘을 가해 물체를 움직이는 것을 말합니다. 바꾸어 말하면, 에너지란 일할 수 있는 능력이고, 물체에 일을 해주면 물체의 에너지가 변화됩니다.

일의 원리 66
일의 원리는 에너지 보존의 법칙과 맥락을 같이 하는 개념의 원리입니다. 지레나 도르래 등의 기구를 이용하면 힘의 이득을 얻을 수 있다는 내용입니다. 바꾸어 말하면, 이동거리가 길면 힘이 적게 들고, 반대로 힘이 많이 드는 경우 이동거리가 짧아집니다.

자성

영구 자석
영구 자석은 주변에 자기장을 두르고 있는 물체입니다. 나란하게, 즉 같은 방향으로 배열된 자성체로 이루어진 물질입니다.

자성체 20
자성을 띤 물체는 수없이 많은 작은 자성체들이 모여서 이루어집니다. 이 자성체들은 각각 개별적인 자석처럼 기능하며, 극성의 방향이 어느 곳이든 향할 수 있습니다. 자성체들의 방향이 제각기 섞이면, 외부에서 그 물체를 바라볼 때 더 이상 아무런 자성을 띠지 않는 것처럼 보입니다. 하지만 별도의 자석을 가져다 대면 자성체들의 방향이 나란하게 정렬되면서, 거의 모든 자성체의 N극들이 한쪽을 가리키고 S극들이 그 반대 방향을 가리키는 현상이 벌어집니다. 이로 인해 물체는 자화되어 자석처럼 기능합니다.

자석 20
자석은 철, 코발트, 니켈 등과 같은 물질로 이루어져 있습니다. 흔히 말하는 자석이란, 엄밀히 말하면 영구 자석이라 불러야 합니다.
자석은 다른 자성을 띤 물체에 힘을 작용하는 물체입니다. 영구 자석 2개를 가까이 가져다댄다면, 서로 밀거나 당기는 힘을 작용합니다. 어떤 힘이 작용하는지는 각각의 극성이 향하는 방향에 따라 좌우됩니다. N극과 S극은 서로를 끌어당기지만, 같은 극성끼리 만나면 서로 밀어냅니다.

자기력 20
자기력은 자성을 띠는 두 물체 사이에 작용하는 밀거나 당기는 힘입니다. 두 물체 사이의 거리를 증가시키면 이에 작용하는 자기력이 눈에 띄게 감소합니다.

N극과 S극 20
모든 자석에는 N극과 S극이 있으며, 마찬가지로 극성을 발휘하는 수없이 많은 작은 자성체로 이루어져 있습니다. 자석과 자성체는 모두 공통된 성질이 있는데, 같은 극성끼리는 서로 밀어내는 힘이 작용하고, 다른 극성끼리는 서로 당기는 힘이 작용합니다.

적도 38
적도는 지구 표면을 한 바퀴 두르며 지나는 가상의 선으로서, 지구는 적도를 기준으로 북반구와 남반구로 구분됩니다. 적도의 길이는 40,000킬로미터를 아주 약간 넘는 정도이며 지구 중심으로부터 가장 먼 지표면을 지나는 원이기도 합니다.

지레의 원리 66
지레의 원리는 일의 원리에 기반하고 있습니다. 지레를 사용해 힘을 물체에 전달할 수 있는데, 적은 힘을 들이고도 무거운 물체를 들어올릴 수 있습니다. 힘점과 받침점 사이 거리가 길수록, 힘이 적게 듭니다.

질량 38, 44
물체의 질량이란 그 물체가 얼마나 가볍거나 무거운지, 그리고 얼마나 큰 관성을 갖는지 나타내는 척도입니다. 무게와는 달리 질량은 어느 곳에 있건 일정하게 측정됩니다. 질량의 단위는 킬로그램이지만, 흔히 무게의 단위로 쓰이기도 합니다.

회전축 66
물체가 회전할 때 그 기준이 되는 지점을 회전축이라고 합니다.

힘 20
물체에 물리력이 작용하면 물체의 속도를 증가시키거나 감소시킬 수 있고, 운동 방향을 바꿀 수도 있으며, 모양이나 형태를 달라지게 할 수도 있습니다.

돌림힘 66
어떤 힘이 회전할 수 있는 물체에 작용하면, 그 물체는 회전축을 중심으로 원운동을 합니다. 돌림힘은 회전축으로부터 작용점까지의 거리와 그에 작용하는 힘에 따라 결정됩니다.

중력 가속도 38, 44, 45
지구상의 모든 물체는 지구 중심을 향해 끌어당기는 힘을 받습니다. 중력 가속도란 지구상의 물체가 자유 낙하를 할 때 생기는 가속도를 말합니다.

중력 20, 38
흔히 중력은 만유인력이라고 부르기도 합니다. 모든 물체마다 서로 끌어당기는 힘이 작용하기 때문입니다. 지구의 중력은 지구와 물체의 질량과 중력 가속도로 계산할 수 있습니다.

탄성력 60
탄력이라고도 부르는 탄성력은, 외력으로 변형된 물체가 다시 원래의 형태로 되돌아가려 할 때 발생하는 힘입니다. 이렇게 원래 형태로 돌아가는 현상을 탄성 변형이라고 부릅니다. 탄성 변형이 진행되는 동안, 탄성력이 작용하여 원래 형태를 되찾을 수 있습니다.

구심력 39
물체가 일정하게 원운동을 한다면, 물체에 구심력이 작용하여 원운동을 하는 것입니다. 이 힘은 항상 회전축의 중심을 향하여 작용하여 물체를 곡률 중심 방향으로 당깁니다.

인터랙티브 마블 런 시스템 그래비트랙스

그래비트랙스 코어 스타터

즐거움은 높이고
상상력은 더하는
그래비트랙스 코어 시리즈

**직접 만드는
나만의 트랙**

**무한히 성장하는
창의성**

마블 런 액션

확장(L): 빌딩

확장(L): 리프터

확장(L): 트랙스

확장(L): 터널

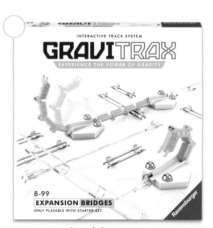

확장(L): 브릿지

확장으로 트랙에 재미를 더해보세요!

확장(S): 캐터펄트

확장(S): 해머

확장(S): 루핑

확장(S): 컬러 스왑

확장(S): 마그네틱 캐넌

확장(S): 스쿠프

확장(S): 트램펄린

확장(S): 볼&스피너

확장(S): 플립

확장(S): 팁튜브

확장(S): 볼케이노

확장(S): 집라인

확장(S): 점퍼

확장(S): 트랜스퍼

확장(S): 스파이럴

확장(S): 디퍼

확장(S): 플렉스튜브

만든 사람들

표지 디자인: Maria Seidel
표지 및 본문 부분 3D 렌더링: Uli Staiger
본문 편집 및 부분 3D 렌더링: ungestalt. Kollektiv für Kommunikationsdesign
예시 트랙 일러스트: fugafour

트랙 개발: Luke Jordan
글: Mara Schmid

감수: Prof. Dr. Christoph Quitmann, Lund University, Sweden

한국어판 번역 및 편집: 코리아보드게임즈 개발본부
한국어판 감수: 하우영 (EBS 창의융합교육부 교사)

초판 1쇄 인쇄: 2023년 3월 24일
초판 1쇄 발행: 2023년 4월 3일

등록번호: 제2010-68호

ISBN: 978-89-961628-5-8 (03000)

8 7 6 5 4

Gravitrax - Das Buch
© 2020 · Ravensburger Verlag GmbH, Ravensburg, Germany
Postfach 2460 · D-88194 Ravensburg

코리아보드게임즈
경기도 파주시 탄현면 요풍길 10
전화: 031-965-7455
팩스: 031-965-7466
www.koreaboardgames.com
www.divedice.com
www.akongdakong.co.kr

※ <그래비트랙스 더 북>은 Ravensburger Verlag GmbH와의 계약에 따라 (주)코리아보드게임즈가 한국 내 독점 판권을 소유하고 있으므로 무단복제 시 법의 처벌을 받습니다.

이미지 출처

Adobe Stock: wittayayut (20쪽), New Africa (21쪽), robert (38쪽), belyaaa (39쪽), photophonie (44쪽), RooM The Agency (45쪽), Vasyl (55쪽), ortodoxfoto (60쪽), taraskobryn (61쪽), Daxiao Productions (66쪽), Aliaksandr Marko (67쪽)

Uli Staiger: 3D-렌더링 (표지, 20, 21, 38, 39, 44, 45, 55, 60, 61, 66, 67쪽)

ungestalt. Kollektiv für Kommunikationsdesign: 3D-렌더링 (10, 11, 72, 73, 98, 99쪽)

B3082